千寻

总 策 划　孙莉莉
选题策划　姚湘竹
项目编辑　张秀敏
译文审订　耿　丹
责任印制　盛　杰
装帧设计　萝　卜
版式设计　邓国宇
内文排版　史　明

孩子的天使心

倾听小小孩善良的声音

The Kindness of Children

[美]薇薇安·嘉辛·佩利/著
黄又青/译

云南出版集团 晨光出版社

Preface
总序

我们大家的佩利

林文宝
台东大学荣誉教授，台东大学儿童文学研究所创所所长

薇薇安·嘉辛·佩利（Vivian Gussin Paley）是目前美国学前界的大师级人物。她于 1987 年获埃里克森机构颁发的儿童服务奖，1989 年获麦克阿瑟奖，1998 年获前哥伦布基金会（Before Columbus Foundation）颁发的终身成就奖，1999 年作品《手拿褐色蜡笔的女孩》（*The girl with the brown crayon*）获全国英语教师委员会（National Council of Teachers of English）授予的大卫·罗素（David H. Russell）英语杰出教学奖，2000 年获约翰·杜威协会颁发的社会杰出成就奖。

佩利最早在新奥尔良教幼儿园，后来返回芝加哥，任教于芝加哥大学附属幼儿园，1997 年退休。在佩利共计 37 年的教学生涯中，有 24 年是在芝加哥大学附属幼儿园服务。

退休后，佩利开始到欧洲、亚洲各地旅行，亲身与第一线学前教师对话，希望老师多给孩子说故事，还给孩子游戏的空间。她认为说故事是创意的来源；她也强调专注力与想象力的重要性。2002 年 12 月，她为制定早期儿童学习计划的美国教育部工作人员进行了一场演讲。她认为过去有些立法者已经对游戏与戏剧失去信心，觉

得那是浪费时间，所以提倡孩子从小就要学习知识。但是，人类就像其他哺乳动物一样，幼儿期都有许多游戏，他们在游戏中学习，这是他们的本能。她告诉立法者，别因为大家都忽略，就以为游戏与戏剧是浪费孩子的时间，其实，孩子是在游戏当中学习到人生各阶段都需要的思考、语言及想象力的。

因此，佩利在新奥尔良教书期间，即开始思考如何在幼儿园中运用可行的游戏扮演的方式与孩子互动，促进孩子的智力发展。

她在整个教学生涯里，对幼儿进行了深入观察与深刻反思，为了收集数据，她运用录音的方式，将教室中师生的对话记录下来，以便事后听取及分析这些对话之间的关系。这种方式有助于她思考幼儿之间独特的沟通模式，而这段时间累积的许多的观察经验，也为佩利日后的写作奠定了基础。她的每一本书都包含了一个探讨的主题，而书写的方式，往往是从一个小故事或是小事件出发，进行对话、讨论与分享，而非量化的说明与论述。

总之，她在幼儿园中提倡“游戏本位教学法”，认为游戏才是孩子最重要的功课。

至于将佩利著作引进台湾者，首推光佑文化事业股份有限公司，该公司于 1984 年即有黄又青译《男孩与女孩：娃娃家的超级英雄》，但其间用心用力最深者，则不得不提到杨茂秀这个人。

在台湾，杨茂秀几乎与儿童哲学画上等号。他在 1975 年 7 月的《鹅湖月刊》上发表了一篇《儿童哲学》，也因此走上了儿童哲学的“不归路”，并于 1990 年成立财团法人毛毛虫儿童哲学基金会。哲学始于惊奇，而孩童正处于好奇心与惊异之心最活泼的时期，应该是哲学播种的最好时机。这个基金会创立的目的，在于推广对儿童哲学的研究、教学与出版，它与美国儿童哲学促进中心（IAPC）有充分合作。基金会亦曾主办过世界性的儿童哲学会议，培训过上千位故事妈妈及儿童哲学教师，出版毛毛虫月刊及相关书籍，创办了毛毛虫学苑，培养图画作家、哲学教师，目前仍在发展中。

或许佩利的教育理念与基金会契合，于是杨茂秀致力于推广与翻译佩利的作品，并且在杨茂秀的推动下，佩利的作品也渐渐广为学前教育界所接受。而 2002 年底，杨茂秀更是邀请佩利来台湾作教学讲座与故事说演，且在佩利来台之前编印了《认识佩利》（2002 年 11 月）一书，销售盛况空前。

个人在大陆的许多讲座中，时常介绍佩利的作品。几年前，有孙莉莉造访台东书楼，见书楼中有佩利译著，除惊奇不已，更如获珍宝，慎重地选择几本带回北京，并将佩利的作品推荐给禹晨，而禹晨亦将佩利系列作品当作重点项目，几经周折亦已取得其中十本的授权。

而今主编问序于我，因缘与巧合我似乎不宜推辞。虽然，最合适写序的应该是杨茂秀，但十本译文中已有杨茂秀四本译文与多篇的序文，作为同学、朋友与同事的我，偶尔僭越来做二手推介，谁说不宜？我的推介词：

佩利，是我们大家的佩利！

想明白其中的道理，

就买她的书读读！

道德世界的建立依赖于学龄儿童的语言。

——拉比·耶胡达·尼希哈（Rabbi Yehuda Nisiah）

约公元前 250 年

1

我已经不知道自己身在何时何地。九月的第一个星期一应该是暑假的结束，而我也应该在学校里为迎接新生做准备。不过，那是从前，那时我的名字像是被永远粘在了幼儿园的教室门上。现在，虽然我还是以期待将有大事发生的心情来开启新的一天，但是发生的都不是我所熟悉的事情，连我的手记也写得比以前慢多了。

举个例子来说吧！今天破晓时分，当看到一只蓝色的大苍鹭表演优雅舞姿的时候，我和我的狗却突然飞快地躲到了一片高高的沙丘草后面。因为一看到在岸边跳舞的苍鹭，卡斯的后脊背就竖起一道寒毛，再也不愿意往前走了。

于是，我和卡斯坐了下来，开始数苍鹭的舞步：两上、两后、振翅、振翅，然后再重来。

或许是因为沙滩上空无一人，所以增强了苍鹭幽灵般的视觉效果。这里大部分房子的大门都紧闭着，它们的主人都已经回到了密尔沃基、罗克福德、芝加哥或圣路易斯。而我之所以来到这个林荫茂密的半岛，也是为了学着写一些孩子以外的事。但这种转变并不顺利。

大苍鹭充满占有欲地扫视着每一波被打上岸来的海浪，这让我想起了哈里对积木的渴望和贪恋——他尖声叫骂，为自己的每一寸地盘奋战；他又抓又推，热泪让他的眼镜蒙上了水汽，弄湿了他散乱的红头发。而他接下来说的话更是让我发抖："不要碰，你这个大笨蛋！你看不出来我只想自己堆积木吗？"

但是过了一会儿——谁又能解释呢？——他又会画自由奔跑的动物，他的故事里也没有暴风雨。"太阳照着，"一天我在记录他的故事时这样写道，"太阳照着，小狗在玩，太阳照着。"

苍鹭像是走进了哈里宁静祥和的画面里，它冲着第一道曙光摆动起了自己优美的脖子，看起来真像是哈里用蜡笔画出来的：一个表现生命和运动的完整轮廓。如果此时哈里也在这片沙滩上，他该会是多么地满足，他的城堡不会受其他调皮孩子的影响，虽然浪潮来来去去，但如果他能有时间“自己”建完城堡，或许也就足够了。

教室里各种未完成的事情一直在跟随着我。我很想描述一下红松树的树皮和散布在林地上的淡黄色蘑菇，可教室里的情景却一再闯入脑海；我很想歌颂一下那颗将要跳出地平线的火球，但眼前却出现了哈里痛苦的脸，然后感觉自己的脸也跟着痛苦起来。到底谁是看守？谁又是囚犯呢？

此时的苍鹭完全不动了，一条腿悬在半空。接着，它伸展巨翅，飞过滚动着泡沫的海面，把头探进海水里，捕捉自己想要的鱼，动作就像哈里一下找到自己心爱的积木那般灵巧。

一道模糊的灰影急速掠过，苍鹭起飞后一路向上，眨眼间已经飞过沙丘顶上那棵最高的松树。红橙色相间的脚趾一路划过天空飞行的轨道，那样子就像是被一只神手抓着飞在半空中。此时此刻，哈里的蜡笔可能已经画出了画纸，我甚至听到了自己下意识的警告声："哈里！请不要涂到桌子上。"

5

十月的时候，我去伦敦给一些学校的老师做演讲。或许他们对哈里和苍鹭都很有兴趣，但我却已经失去了那天在沙滩上把哈里和苍鹭关联在一起的迫切感。我似乎体会不到有关生命的更深的意义，无论是苍鹭还是蘑菇。只有一整个教室的孩子才能把我的经历组合成故事。我和孩子一样：没有故事，就无法解释自己。

演讲的当天早上，我拜访了附近的一家托儿所。这家托儿所里的孩子有着各自不同的生活背景，但就在我来的这一天，与这里所有孩子背景迥异的一些孩子们也来了。每个星期五，总会有几个重度残障学校的孩子来到这家托儿所，他们不能行走，甚至连坐也无法独立完成，通常他们都是坐在轮椅上被别人推着，或是被老师背着来的。

这些四五岁的孩子来到这里是要和普通的孩子们待在一起的。但只是待在一起，并不期待会有奇迹发生。一个名叫特迪的男孩被绑在一把轮椅上，戴着一顶保护头部的厚软垫头盔。这是他第二次来到埃利奥特老师的教室，显然，他还记得在读完故事书之后，孩子们就会上台表演故事。

特迪直愣愣地盯着前方，就像看不见眼前的一切。可故事书刚一被合上，他就转向身边的一个年轻女人，激烈地摆着头。他想说些什么，可是并不容易。他开始扭动，从腰部一直到他抽搐的双肩，接着是拼命甩动的双臂，最后终于从嘴里挤出一个字。“车？”他问道。

他的老师对他笑了一下，走出教室，很快就拖了一辆小红车回来。特迪被绑到小红车上，塞好保护垫后，他利用一个复杂的滑轮装置和一个脚踏板，让小红车一点一点地前进。他直接让小红车驶向一群正在用木箱和空盒子玩模拟商店的孩子们，接着再次扭动小小的身体努力说话。“玉米片。”他一边小声说，一边伸出一只手，就像手里握着钱似的。

站在玩具收款机旁的印度男孩一直专注地看着特迪，耐心地等着他提出要求。孩子们是多么容易就做到这一点呀！即使是最粗鲁的孩子也不会因为别人笨拙的举止而感到不自在。孩子们对奇怪的行为都非常好奇，但很少会感到不愉快或困扰。我觉得这是一种不寻常的天赋，大人是很难做到的。

印度男孩假装从特迪手里接过钱，作为交换，又递给特迪两小盒玉米片，然后干脆地说：“给你，先生，买一送一！”这是一次简单的交易，有小孩子的地方就看得到这样的游戏，可它带给特迪的狂喜却让我热泪盈眶。我要怎么做才能让特迪也这样欣喜地看着我呢？

我突然深信自己是在目睹一场神圣的仪式，而这种深信却让我感到不安。我想沉浸在这样的场景里，继续观察特迪的脸，可这时有人把我叫到了教师休息室喝茶聊天。等我回来时，特迪已经坐回到轮椅上，看上去好像心情很低落。不过，他还可以继续留下来参加另外一个活动，一个他从来没有见过的活动。而正是这个活动，将带给他，以及我，一个崭新的意义。

有几个孩子已经把自己的故事说给了埃利奥特老师听，接下来要做的是和班上的其他同学一起表演出来。首先是一对姐妹找到了一只小兔子，然后把小兔子带回了家。这是发生在娃娃角的基本情节，但特迪却很吃惊，他的眼睛睁得大大的，身体也开始摇晃。他伸出颤抖的手臂，向身边的老师发出了无言的请求。

下一个要表演的是埃德蒙的故事。他直接走向特迪和那位老师。“你的小男孩需要他的小红车，”他说，“他想要表演我的故事。”埃德蒙的故事是关于一只小熊、一只鳄鱼和一只被怪兽吓到的小狗的。“他可以演小狗。”

特迪的老师人很好，可是她也累了。“对不起，太晚了，”她对埃德蒙说，“车子已经被收起来了，我们也快要走了。”

特迪颓然倒在了保护垫上。可就在这时，其他小朋友都围了过来。“他没有小红车就不能演故事，”他们心急地说，

“他是想自己动。我们可以去把车子推过来。”

特迪一脸惊愕的样子。一个带着软垫头盔的男孩，真的可以拥有这样一群需要他一起表演故事的朋友吗？一个名叫莉萨的中国女孩抓住特迪的手：“假装你是小狗，你还没有学会走路。”

特迪的老师把轮椅推到地毯上，孩子们围着特迪，开始表演故事。我看不到特迪的脸，但我能感受到怪兽咆哮之后他那无言的哭喊。

特迪离开后，我和埃德蒙还有另外四个同班的孩子一起吃午餐。他们害羞地看着我，等着我说点什么。“在我的幼儿园，”我终于开口了，“我们也会像你们一样表演彼此的故事。”

“也有坏人和怪兽吗？”那个印度男孩问道。

“男孩子就喜欢坏人和怪兽，”我回答，“但是很少有女孩子喜欢。”

“我们也一样！”埃德蒙大喊道，“你们那里的男孩子还喜欢做什么？”

“那我就跟你们说说我们那里一个名叫哈里的男孩子吧。他总想要自己一个人玩积木。”对于我来说，在这里谈起哈里真的很奇怪，但我实在很想知道这些孩子对哈里的看法。“如果有人想要帮他，他就会很不高兴，甚至还会跟人家打架。”

“就像鲁迪一样，”一个女孩指着隔壁桌的一个金发男孩说道，“我们老师说鲁迪需要自己的空间，因为他有他自己特别的想法。”

“他会大哭，还会把我们挤开，”埃德蒙补充道，“埃利奥特老师说午餐过后就让他自己玩积木，不要去打扰他，这样他就会很开心。”

我看到埃利奥特老师正弯下腰和鲁迪小声地说着什么。她怎么会知道鲁迪和那只苍鹭一样，需要自己的空间才会去捕获猎物、飞过树林呢？而且，当别人都不确定的时候，她怎么就知道其他孩子能允许鲁迪每天午餐后“飞向自己的天堂”呢？所以当孩子们央求特迪的老师允许他们去推小红车，好让特迪自己移动的时候，埃利奥特老师当时一定是不会感到讶异的。

在回旅馆的路上，我的脑中冒出一个奇怪的想法：当神答应亚伯拉罕[1]（Abraham），如果找到十位义人，就不会摧毁所多玛（Sodom）和蛾摩拉（Gomorrah）[2]这两座邪恶的城；那么如果亚伯拉罕当时来到的是埃利奥特老师的教室，那这个圣经故事的结局将会是多么不一样呀！

[1] 圣经人物，是上帝从地上众生中所拣选并给予祝福的人。

[2]《圣经 · 创世记》14:2-3 记载，所多玛与蛾摩拉是摩押平原五城中的两个，后来这两座城罪恶甚重，声闻于耶和华，耶和华要派两位天使去毁灭这两座城。亚伯拉罕于是为两座城祈求，神答应他只要在所多玛城找到十个义人，就不毁灭那城。但两位天使并没有看到十个义人，最后神还是毁灭了这两座城。

13

“特迪”一直在我的头顶盘旋，可我就是抓不到。在我自己的教室里，孩子们会和我一起“跟踪”一个连续的故事，就好像我们是小说中的人物，不断重复彼此的话，延伸故事的情节。有时候，某个事件会暂时把我们融洽地绑在一起，我们似乎始终踏着同一个节奏。我们把这些经验变成了仪式，希望能够重新获得原来的感觉，一层一层地构建我们的教室文化。

现在，特迪事件又以同样的方式重现了，但是我却没有背景来放置这段“旋律”。不过，两个星期之后，在加利福尼亚州的一间四年级教室里，特迪又成了我和学生们之间的话题。我不断向学生们演示那次在伦敦托儿所里讲故事和演故事的场景，以及特迪观察其他孩子表演时的专注神情，而特迪为故事注入生机的事实也似乎成了很自然的话题。

从我开始描述特迪的那一刻起，教室便静了下来。孩子们脸上的表情反映出了特迪的每一个喜悦和悲伤。曼纽尔问道："他们把特迪的小红车推来了吗？"我摇摇头："没有，他们没有，因为时间到了，特迪必须要离开了。"我看得出孩子们的失望。这个故事的效果远超出了我的预料。

"我就知道他们没有，"露西说，"不过，你能再讲一遍吗？"她的要求吓了我一跳；于是我又讲了一遍，我感受到了我与这些听众之间的亲密感，并尽力寻找准确的字眼。"他们都是好孩子。"有的孩子说。曼纽尔则轻声嘀咕着："我爱特迪。"接着又大声说，"如果我在那个学校，我一定会在别人没来阻止之前，去把特迪的车推过来。"

"我也会。"路易斯还想说点什么，但还是转变了话题。"有的时候，人不是都那么好。他们会在我话刚说到一半时就走开，甚至有一个老师也这样对过我。”

玛丽安娜立刻表示同意：“对，这些人会突然开始去做什么事，甚至不管我是不是还在那里，然后我就很伤心。他们还会觉得我在说谎，就像我说球没有碰到我，真的没有，因为要是有的话，我会知道！他们这样做好像是别人都比我好，他们相信别人，不相信我。”

玛丽安娜的抱怨打动了露西。“你是最好的，玛丽安娜！”露西大声说，“所有人都记得的，对吧？”她看了看四周，“去年我刚来的时候，我不是不会说英语吗？玛丽安娜就把老师说的所有话都给我讲了一遍。所有！她还在轮到她第一个跳绳时说‘该轮到露西跳了！’”

我无法掩饰自己的兴奋。“我妈妈九十年以前也遇到过这样的事！”我大声说。这个将我的妈妈和露西联系在一起的机会——从某种程度上也包括特迪——让我一下子轻盈明亮了起来。

孩子们端详着我的脸，试着去想象我将会说些什么。“我妈妈刚从俄罗斯来时，也不会说英语。他们让她读一年级，即使她当时和你们现在一样大。不过，每天都有一个叫玛莎的四年级学生来帮她。她把所有话都翻译成了意第绪语[1]（Yiddish）给我妈妈听，然后再把我妈妈的话翻译成英语。因为我们是犹太人，我妈妈说意第绪语。”

“你知不知道我是从墨西哥来的？”露西问道，“这里很多人都是。但有些人也像你一样是盎格鲁人[2]（Anglo），我们的老师也是。”一旁的菲利普斯老师笑了笑，表示同意。

我在露西旁边的空位上坐下来。“你太幸运了，”我说，“现在你会说英语和西班牙语。我妈妈也学会了她的新语言。玛莎甚至在不必来时也会来，因为她想要我妈妈能快一点学会英语，然后转到四年级去上课。这对别人来说可是帮了一个很大的忙。”

“路易斯也会帮助别人！”卡洛斯结结巴巴地说，“如果我找不到伙伴，他会跟我说没问题。可有些家伙就从来不会这样。”说着他直接看向后面一个在那里又吐舌头又挤

[1] 属于日耳曼语族。全球大约有三百万人在使用，大部分的使用者是犹太人。
[2] 来自丹麦（日德兰）半岛南部和邻近地区的日耳曼人。

眼的男孩。菲利普斯老师起身看向他,示意他不要再做鬼脸。

路易斯并没有留意背后发生的故事，而是问了我一个问题:“你为什么要给我们讲特迪的故事？你是一个讲故事的人吗？你爱讲故事吗？”

“我不能称自己是讲故事的人，路易斯。这是我第一次讲特迪的故事，你们也是第一批听众。我只是一直想着他。我觉得如果你们知道特迪当时有多么想演埃德蒙的故事，或许可以对我们讲故事和演故事的方式多些了解，尤其是演故事。”

路易斯并不满意:“那你不讲坏故事吗？因为我们大多数时候都很坏。我对我的兄弟们就很坏，他们对我更坏。”

“没错，这里几乎都是坏故事。”玛丽安娜点点头。为什么她和刚刚才被赞美过的路易斯此刻觉得他们必须“说出真相”呢？“比如新闻里的坏消息,”她继续说，“或是当我们淘气和被罚的时候。但不管怎样,我还是喜欢好故事，就像特迪和你妈妈的故事。”说完，她转向一个黑头发的女孩:“卡梅丽塔，和她讲讲吉米的故事，好不好？还有你膝盖的故事？”

所有人都看向坐在教室后面的一个大个子男孩。卡梅丽塔迟疑地站了起来。“他都有，”她用我几乎听不到的声音倾诉着，“我是说，他以前常常被关进一个特别的教室，但现在，他大部分时间都留在我们的教室里，除了星期二。”

其实，从我来到这里之后，吉米就一直努力地让自己置身事外。他自顾自地哼着歌，一会儿坐下，一会儿站起来看看窗外。此刻他又跑去窗边，哪怕卡梅丽塔正在说与他有关的事情。卡梅丽塔提高音量，以确保吉米可以听见她的话：“是这样的，有一次他一边来回跑，一边大喊大叫，他有时就会这样，然后一把把我推倒，我的腿一直流血，我是说，我的膝盖一直流血。”吉米这时转身回到了座位上，一双眼睛紧紧地盯着卡梅丽塔，耷拉着沉重的眼皮。

“看到我受伤了，吉米就开始真的哇哇大哭起来。他扶我起来，把我带到老师那里，一直说他很抱歉。午餐的时候，他还把他的小蛋糕送给我吃。”卡梅丽塔说着，对吉米微微一笑。“所以我是在说你做的一件好事。”她轻轻地说。可吉米没有任何反应。

我瞥了一眼菲利普斯老师，正在想是不是要结束这个话题。这时路易斯突然举起手，老师叫了他的名字。“你真的一个坏故事都不会讲吗？”他依然不肯放过这个话题。于是可怜的哈里浮现在我的脑海里，就像我必须要为过去的行为赎罪一样。

“我那里有一个男孩，名叫哈里，”我开始了，“不过，这次那个坏人可能是我。”再次谈起这些事似乎有些奇怪，比如积木区里的哈里和被允许有私人时间的鲁迪。不过这正是我之前一直在自己班上或是和高年龄段学生交谈时所做的事情。

路易斯仔细地听着。“为什么哈里不能有自己的私人时间？”他不断地重复着“私人时间”，就好像他已经为自己梦中的某个东西找到了一个名字。“因为你理应去分享，对吗？”路易斯说着站了起来，开始到处走。这让我想起了我的孙子，他在开始发表重要演说之前，也会这样在屋子里来回走。

“我伯父觉得,人有时就是需要一个人待着,”路易斯说,“他对我哥哥说:‘让路易斯自己做，你们这些人会把他弄得很难过的。’他以前就常常那样对待我爸爸，把我爸爸弄得很伤心，现在他感觉很愧疚，但是已经太晚了。”

“那你听你伯父的话吗，路易斯？”

“嗯，只要他在，我和哥哥就会好一点。”路易斯坐回到座位上，发现吉米已经占去了他半个位子，但他似乎一点也不惊讶。两个男孩在一起挤了一会儿，路易斯在吉米耳边说了几句什么，吉米便站起身搬来另外一把椅子，坐在了路易斯的旁边。

“如果是你的伯父，他会怎样对哈里？”我问道。路易斯的回答非常快,显然他和他的伯父一定谈过类似的事。“他会看看哈里是不是很难过。嗯，可能他的爸爸死了，或者是他爸爸在坐牢，反正不是好事。他会让他休息一下，这是我伯父说的。休息一下，你知道，就是让他时不时地觉得快乐，然后他也会让你快乐。”路易斯的话对其他同学都很有意义，他们中大部分人都认识他伯父，因为他是这所学校的一名老师。

一想到哈里，我就觉得很内疚。“对了，我忘了告诉你们，”我对全班的孩子说，“哈里的确能让我们快乐。他会画跑得像飞一样快的动物，他还会讲‘太阳照着，太阳照着，小狗在玩，太阳照着’这样的故事。”

吉米走到我身边，拽拽我的袖子：“这是那个爱打架的小孩讲的故事吗？”我点点头，他转身跌跌撞撞地向自己的座位走去，一路上还撞倒了两把椅子。我盯着他，惊讶于他刚才送给我的“礼物”——他仔细听了我的故事，并对我的故事作出了反应。我必须回报他。

“吉米，等一下！”我突然大声说，“等等！我这里还有一个关于哈里的故事，你一定想听。”吉米在半路上转过身，两只胳膊耷拉在身体两侧，摆来摆去。

我的故事讲得很快，想要借此抓住吉米的注意力，但这其实完全没有必要。他想要听更多有关哈里的故事。“一天，我像平常一样和他发了脾气。他一直在走廊上疯跑，故意超过其他同学。我冲他大叫，让他回来，虽然我曾发誓永远不要再这样做。突然，他在一个男孩前面停了下来，那个男孩名叫马丁，正坐在二年级教室外面的长凳上，他经常和哈里打架，他们在操场上打，甚至在走廊上遇到也打。你骂我一句，我回你一句，然后就会打起来。”

吉米一动不动地站在我面前，专心地听我讲故事。“哈里问马丁为什么坐在那里，马丁没有回答。他一直低着头，可能是在哭，我也不知道。”

“那个孩子是被罚了。”路易斯说，其他几个孩子也点头表示同意。吉米则流露出了惊恐的表情；我怀疑自己是不是选错了故事，可此时已经来不及喊停了。

“是的，我也确定他是在受罚，但我觉得哈里一定会因为马丁不回答而打他，所以我走过去抓住他的手，转身往教室走，一路上不停地数落他。哈里耐心地等我说完，然后问我：‘马丁为什么要坐在长凳上？’我告诉他马丁一定是做了什么让他老师很生气的事。哈里突然抬起头看着我，眼睛瞪得很大，一副很害怕的样子。‘所以他就必须一个人坐在走廊上？你也会那样做吗？’”

孩子们都在等着我回答。我万万没想到这个非常普通的故事会如此抓住孩子们的心。起初讲故事时，我只是想吸引吉米，可其他孩子竟也一样听得入迷。“‘不，我不会那样做，’我告诉他，‘但有些老师可能会，应该不是很多。’”吉米松了一口气，“不是很多”让他彻底安心了。

“老实说，哈里很糟糕，”我继续说，“有段时间他很粘着我，总想做点惹人注目的事。他会跑向点心桌，抓起他自己的那份点心，两片提子燕麦曲奇饼干——顺便告诉你们，那是他的最爱——然后趁我还来不及说‘不要跑！’，人就已经疯跑到走廊上。几分钟后，他回来了，饼干没有了，还一边大笑一边比画着。‘嘿！猜猜马丁说了什么？’哈里大喊道，‘他说，“嘿！小子！”然后笑得跟什么似的。“嘿！小子！”他就是跟我这么说的！’”

当我讲这个故事时，吉米一直在向我靠近，直到几乎就要碰到我。“那你现在喜欢哈里吗？”他问道。我伸出手，吉米握住了我的手。“是的，吉米，我非常喜欢哈里。”

我把这些故事讲给了我的妈妈听，她至今仍然记得我一年级时给她讲过的故事。她今年九十七岁，一个人住在一居室公寓里，除了下楼吃饭，很少离开她的公寓。

“出去也没什么用，即使是去会堂[1]。”她对我说，“我几乎听不到拉比[2]在说什么，也看不清他。一切都是模糊的。就连去餐厅也是个问题，那里的各种回音就像在打雷，用了助听器之后更糟糕。”我和我先生劝她搬来和我们一起住，她却一脸惊讶。“为什么？我喜欢自己住在这里，这样才有

[1] 犹太人用于祈祷、公共活动、成人及学龄儿童教育的场所。

[2] 犹太人中的一个特别阶层，是老师也是智者的象征，负责执行教规、律法并主持宗教仪式。

时间思考。”

她面前的桌子上摆着摊开的祈祷文和“摩西五经”[1]。她坚持自己不是一个信教的人，但是每天都会读一读她所熟悉的经文片段，用高倍数的放大镜逐字地看。有时候，她还会让我把某句经文抄成大字，好让她更方便随时引用。“这里，薇薇安，在上面。你有时间抄吗？这可是出自《弥迦书》[2]。”

她非常熟悉这位古代先知所说的话，看到这些话被专门抄下来，她非常高兴。“已指示你何为善，他所向你要的是什么呢？”她背诵着，“只要你行公义、好怜悯、存谦卑的心与你的上帝同行。[3]”妈妈用放大镜找到书上这些话的位置。“从第一行开始，‘世人哪，耶和华已指示你……’”

“世人哪，耶和华已指示你……”毡头笔[4]的味道和笔

[1] 又称律法书、摩西律法，是犹太教经典中最重要的部分，包含《创世记》《出埃及记》《利未记》《民数记》《申命记》。

[2]《圣经旧约》的一卷书，记载了先知弥迦针对南方犹太国的预言，他向犹太人发出强烈的警告信息。

[3] 此句出自《圣经旧约 · 弥迦书》第 6 章第 8 节。本书出现的圣经经文乃采用香港圣经公会所印发的和合本修订版。

[4] 类似于马克笔。

尖划过厚纸板上的声音，让我极度渴望回到教室。就连哈里也能感受到我在教室里的快乐，虽然我并不一定总能耐心地等他把脾气发完。

“……好怜悯……”我默默地抄着经文。写完后，我往妈妈的身边靠了靠。“你还记得伦敦的那个男孩吗？坐在轮椅上的那个？”

“特迪吗？戴着厚软垫头盔的那个？”这些日子以来，妈妈忘了很多事情，但她不会忘记我的故事。

“前几天，在加利福尼亚，我和几个四年级的孩子谈到了特迪，他们的反应很有意思。起初他们想起来的都是别人对他们不好的故事，但是很快他们就开始讲发生在自己身上的好故事。露西讲到了玛丽安娜帮助她学英语，所以我当然就和他们提起了你的玛莎。”

“玛莎？那是很久以前的事了。”

“但你们的故事几乎一模一样！后来路易斯讲到了他伯父，每次他和哥哥打架，他伯父都会知道他有多么难过。卡梅丽塔还讲了一个关于吉米的故事，吉米不小心撞倒了她，觉得非常抱歉，哇哇大哭之后，把他的点心分给卡梅丽塔。最后我就讲了哈里的故事。”

“爱打架的哈里吗？在积木区的那个？”

“对，就是那个哈里。我讲了一个关于他的好故事，他对一个受罚的年龄大一些的男孩表现出了难以置信的善意，尽管那个男孩以前常常和他打架。后来，在那天讲的每一个故事里，我都能看到孩子们想去善待别人、赞美别人，甚至有愿意坐在别人旁边的愿望。那是对别人的一种认可，也是必须与他人建立的一种连接。”

妈妈仰靠在椅背上，抬起头，像是在努力识别一段很遥远的旋律。“但你知道吗？薇薇安，哈西德教徒在古老的国度就是这样做的！他们教导人们要通过讲述圣人行善的故事来与上帝交流。”

我和妈妈的对话竟与一个名为“哈西德”的犹太教神秘主义派别之间存在关联，这让我感到非常震惊，主要是因为我自己之前其实也想到过这一点，只是由于这种想法过于带有宗教神秘主义色彩而放弃。不过，我的妈妈不会这样，她对自己信奉哈西德派的祖父还保有敏锐的记忆，并对这样的事情保持着一种主人翁的意识。

“要知道，我的祖父可是最伟大的哈西德教徒史东林勒拉比的追随者。”妈妈继续说，“你这位外曾祖父很喜欢哈西德教徒的故事，每次去看望他，他都会讲给我们听。他说那些故事就像祈祷文，这对我来说是一个很令人困惑的说法，但这些故事很美好，让我很开心，因为我们当时的生活很艰难。”说着，她的手指抚过已经抄好的《弥迦书》的句子。“你还小的时候，我跟你讲过几个关于我祖父的故事，你还记得吗？”

“就是那个每天晚上都会失踪的拉比的故事？”

妈妈的眼睛突然亮了：“是的，那个直到晨祷时间才会出现的拉比，他不肯说出他整晚都到哪里去了。可有一天晚上，有个人在后面跟踪他，亲眼看见他将森林里的木柴送到了无依无靠的老人的小屋里，让老人取暖。而他的身上则披着破斗篷，头上裹着普通樵夫的头巾。”

一段鲜活的记忆让妈妈笑了出来：“我和贝姬阿姨当时

还假装扮演过这个故事里的角色。‘噢！谢谢你，好心的陌生人，告诉我你是谁。’我扮演的是生病的老人，刚刚就是我的台词。贝姬的回答总是变来变去，她甚至还说过自己是公主。她才不会说自己是拉比呢。”

“你怎么从没跟我们说过这些？”我问道。

“我也不知道为什么不想再去提那段岁月，可能是因为这会让我想起有关祖父的太多回忆。”她的眼眶湿了。我们都变得很难过；这并不是我想要的。“可你跟我说起玛莎，我很高兴能够跟孩子们讲她的故事。”

妈妈笑了，这又勾起了她的另一段记忆。“我记得玛莎还做过另外一件事。当时操场上有个年龄大一点的男孩叫我‘一年级小屁孩’，就因为我只能和年纪小的孩子一起上课。玛莎就对他说：‘你在说什么？叶塔可是手工课的老师！’这当然是她编的，可那个男孩竟然相信了。她就是这样，当别人遇到麻烦时，她总能想到办法。”

一想到妈妈在陌生的环境里如此无助，我就痛苦得无法思考。不过，即使是说同样的语言，也一样会有感到尴尬和孤独的时候，也一样会因为这样的尴尬和孤独而感到难为情，直到有一个和他一样的普通人出现并想到解决办法。哈里不就是那个人吗？那个可以将马丁从绝望中拯救出来的救星？

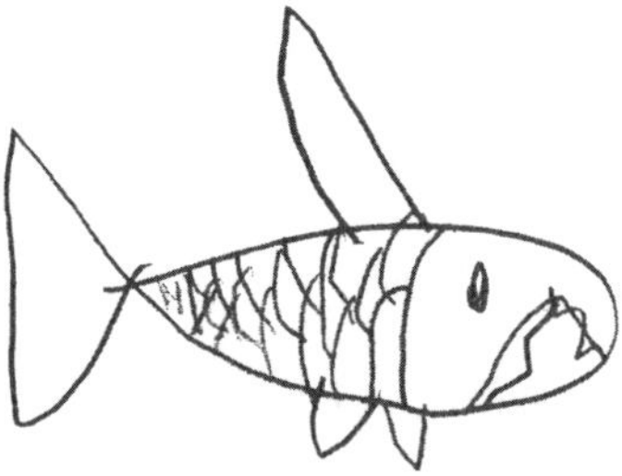

33

每天，我都会在我的教室里编故事，还会给孩子们讲代表各种文化的童话故事和民间传说。但此刻我脑子里的故事却似乎属于另外一种，我还不知道该如何称呼它们。妈妈的哈西德类比的确让人激动，但却不在我的参考范围之内。“现实”始终都是我所遵循的路标，除非沿途有某些其他路径向我“招手”。

在芝加哥一所高中的英语课上，“特迪”再次出现了。孩子们让我解释我是如何利用录音机和日记来帮助我记录教室生活的。这些学生都是非洲裔的美国人和拉丁美洲人，站在他们面前，我觉得自己非常“盎格鲁”[1]。

在我叙述的时候，一个名叫保罗的男生一直在仔细地观察我，可当我问他“你觉得在学校里讲述和记录故事重要吗？比如我刚才讲到的特迪的故事”，他却把头转开，似乎很怀疑我的问题。

我并不气馁。可能是我的问题不够清楚，让他无法回答。“是这样，我最近一直在到处跑，去各地拜访学校，与老师们交流。比如，我在这里像一位作家一样描述自己的作品，就像今天这样，可能有些学生会听得进去，有些人却会心不在焉。但如果我用像特迪那样的故事来作为我喜欢写的那类故事的例子，那么就一定会有其他事发生。你们会彼此微笑，或许还会讲讲自己的故事和感受，就像路易斯和露西那样。然后这些故事很快就会被连接在一起，将我们引向另外一条路。所以我想知道，这是为什么？”我的问题直指全班的学生。

依然没有回应，不过却并不是那种令人不安的沉默。

[1] 佩利这里是在强调自己是“盎格鲁人”。

接着，保罗清了清嗓子，开口说道：“是的，我们已经习惯了有一大堆烦心事，对不起，应该说是无聊的事。我们总是在想那些不好的东西。这个叫特迪的小朋友，还有其他那些小孩，他们似乎……嗯，好吧，这么和你说吧，当你和我们讲这些故事的时候，我就一直在努力回忆我过去是什么样的，是好还是坏。我想起了一些事，这让我觉得，嗯，觉得更轻松一点，可以这么说。”

坐在保罗正后面的斯坦利一直在用铅笔敲桌子。“小子，那也改变不了什么，”他说，“你转眼就会发脾气的。”

梳着一头串珠辫子的托娃举起了手。“有时还是有好故事的，斯坦利。记得那个母猩猩吗？就是救了一个小男孩的母猩猩？”所有人立刻微笑着点头，包括斯坦利。

大家都知道布鲁克菲尔德动物园里的那只母猩猩，它把跌进自己地盘里的一个小孩救了起来，还把小孩抱在怀里，以防他受到其他猩猩的伤害，然后又把小孩交给了动物园的管理员。这个故事在当地报纸占据了整整一星期的头条。没想到托娃此刻提起这件事，这让大家的心情都好了起来。

“宾塔·朱瓦，”托娃身后传来一个低沉的声音，“这是她的名字。”

托娃转过身，冲身后那位头上留着辫子、身高一米八并且记得母猩猩名字的男生笑了笑。然后她又看了看费朗博老师。“你们听听这个故事，”她的声音听上去有些着急，“有一次我坐公交车去市区，当时是夏天，天气很热，我的心情很差，非常差！我真讨厌坐公交车，特别挤，人还很不礼貌，好像别人都不重要似的。我从来不会想着给谁让座，也不想站着被推来推去。是的，然后，我听见一个白人大声说：‘嘿！看这只猩猩做了什么？’接着他开始大声地读报纸。那可是一条大新闻，当时很多人，包括我在内，都是第一次听到这个消息，你知道吗？”

她朝我这边瞥了一眼，然后又扫视了一遍教室，像是在确定每个人都在认真听她的故事。“突然，车上的人都开始互相微笑和交谈起来，就像朋友一样。我从来没有在公交车上看过这样的情景：一大早，每个人都在上班的路上，陌生的人们就像朋友一样说说笑笑。后来有一个人让刚才那个人又读了一遍新闻，接着其他几个人也跟着读起来，所有人看着彼此的眼睛，都在谈论同一件事。我就是想说这个。我们每个人都很快乐！”

我像在做白日梦一样。托娃知道她的名字在希伯来文里是‘好’的意思吗？或许她家里有人是犹太人。这个时候想到这个可真是风马牛不相及！我差点笑出了声。

突然，托娃站起来，原地转了个圈儿。“你们猜猜我接下来做了什么？我把位子让给了一位老太太！我就是这么做的！我也不知道自己为什么要这么做。”

我们都盯着托娃，眼睛和她一样瞪得越来越大。她把手举过头顶，用她的开心把我们团团包围。我像是看到了一个身穿黑色外套、头戴皮帽的哈西德在跳舞。斯坦利开始鼓掌，然后一个接一个地，全班都像是被传染似的鼓起掌来。

费朗博老师走到托娃身边，教室里渐渐安静下来。“托娃，你为什么决定要那样做？”他轻声问道，“告诉我们你为什么会那样做？”

“因为，嗯，就像每个人都爱那只猩猩一样，我也想做点好事。我是说，我想大概就是因为这个。到目前为止我还从来没跟别人说过这件事呢。”

教室里一阵骚动，大家纷纷表示认同。孩子们看向费朗博老师，等着他发表意见。可他只是一直看着托娃。这时坐在前排的托马斯说道：“要知道，人类都是从猩猩变过来的，大概一百万年以前吧？所以我们都是一家人。当然，大多数人类看到有人被打，即使被打的是个小孩，他们还是会走开。”托马斯似乎还想再多做一点说明，可这时下课铃响了，他第一个跳了起来。有的学生过来跟我说再见，我很想表达一下我的感受，但此刻我只能说出“谢谢”。

教室里已经空荡荡了。费朗博老师从保温壶里倒出两杯热腾腾的咖啡，又打开一小包饼干。“我会把刚刚发生在托娃身上的事称为‘心灵体验’，”他平静地说，“这样的体验一共发生了两次。一次是在公交车上，一次是在教室里。”

我啜了一小口加了糖的咖啡，心里推敲着他这个意想不到的“声明”。“杰里，你是一个信徒，”最后我说道，“可大多数公立学校的人并不认同心灵体验。”

“我是一个离这里不远的教堂里的牧师，”他说，“我想这的确影响了我看待事情的方式。对于学校里一向缺席的精神性，我一直都感到很难过。不，学校里是存在潜在的精神性的，只要是有孩子的地方。可我们却选择避而不谈。”他冲我笑了笑，“薇薇安，你在你自己的书里，其实也一直在逃避。对我来说，孩子们都与灵性有关，可你从来不会这么说。”

这次交谈的语境已经发生了变化。我并不是很清楚杰里原来是这样看我的。特迪事件到底是一次心灵体验，还只是一次令人感动的人类活动？难道我一向认为的“真相时刻”——即那些我看透并感到震惊的人类期望的本质——事实上都是一种宗教体验？杰里·费朗博的教育目标与我有很大不同，它出现得如此突然，我不得不要和它保持一定的距离。然而他的坚定却令人动容，甚至让人很受鼓舞。

“杰里，我看得出来孩子这种行为的价值，他们彼此讲述各自的故事，讲述他们自发的善意行为。托娃甚至可能是受到了特迪故事的影响，或是受到了路易斯描述自己伯父的影响。”

“我们成了见证人，”杰里说道，“我们看到了我们教导的是什么人，看到了和我们一起玩耍的是什么人，看到了我们可能会是什么人。”

我跟着他走到水槽边，看着洗洁精水被倒进杯子里。“但是，对于你来说，”我继续追问道，“到底什么是灵性事件？是孩子的行为本身，还是阐述这个行为的故事本身？或者是听故事的人的反应？”

“全都是。”他从容地答道。此时，我眼前仿佛出现了一个穿着长袍的费朗博牧师，一个上帝的子民。“每次都会有越来越多的听众了解某个讲述人的痛苦。对我来说，这整个的过程就是上帝存在的证明。”他停下来把杯子放好，然后冲洗保温壶，“不过，我并不介意没有提到上帝。在这些事件里，我们能看见善良取得了胜利，也看见了孩子们与别人建立的连接。在想方设法让孩子们克服孤独的问题上，我们找到了新的视角。”

我不得不打断他：“是的！孤独！这是孩子们进入学校后面临的最大问题。所以他们彼此传递各自的故事，恐惧感也就不知不觉地消失了。”

“是的，是的！”杰里大声说，“现在，你就是在向我们传递你的故事，而这些故事也会升华我们的灵性。当我们在重述这些故事时，其本身也就像是在祈祷一样。”

他没有注意到我突然深吸了一口气。我刚想说哈西德教徒也抱有同样的观点，可他抬起头，看了看钟表。我知道下节课就要开始了。

43

“我叔叔告诉我你要来参观，”电话里传来一个陌生的声音，“我是罗莎琳·费朗博，是幼儿园的老师。”她是指位于芝加哥西区一个较低收入街区的一家幼儿园。

“你叔叔很了不起，”我对电话里的人说，“我到现在也忘不了和他的那次谈话。”

罗莎琳笑了起来。“叔叔总是能影响别人。我打电话过来是想问问你，我可不可以去参观你的教室。教师在职培训时，我们读到了您的一本书。如果可以的话，我想去现场看看你的孩子们怎样讲故事和表演故事。”可当她知道我已经不在教室里上课时，她很失望。

“但我可以去你的幼儿园，罗莎琳。”我提议道。电话那头陷入了沉默，我只好接着又说：“或者如果你愿意，可以到我家里来。”但罗莎琳已经决定向我发出邀请。

“你能七点钟过来吗？”她问道，“我需要向孩子们解释一下，嗯，是向其中几个孩子。今年这些孩子不太好应付。”

到了幼儿园之后，我们在图书角的一张小桌子旁坐了下来。教室的墙上贴满了美工作品，都是孩子们亲手做的。教室里弥漫着一种梦幻感，因此，在听到罗莎琳充满苦恼的倾诉之后，我感到很惊讶。“我正在考虑辞职，”她说，“我还没有和叔叔说，但他知道，我在这里的大部分时间都感到很挫败。”

我很同情这位饱受压力的年轻女士。“我也曾经这样过，”我对她说，“曾经好几次都想要放弃。不过最后，我还是无法想象自己去做其他的工作。”

我的“反倾诉”引起了她的兴趣。“是因为孩子的行为吗？我是因为他们总是打架。从来没有这么糟糕过。他们一打架，我就发脾气，可这并没有什么用。其中五个男孩我真的是管不了了。看看我们可爱的娃娃角和积木区，我曾经把它们关闭过两次，因为这两个地方经常发生打架和破坏性的行为。”

五个爱打架的孩子。的确有点多。让我去对付五个哈里吗？！即使是在埃利奥特老师的教室，又该如何让五个鲁迪享受自己的“私人时间”？“他们是来真的吗？罗莎琳。”

“是，是很严重的打架，不是假装的。对我来说，打架可不是只揍对方一下子，而是双方互相动手，目的就是要伤害某个人。”罗莎琳的脸上浮现出痛苦的表情，但她并没有停住。“起初大多都只是口头上的羞辱、骂人或嘲笑，可一旦对话里出现了‘妈妈’，冲突就会迅速升级。对于五岁的孩子来说，这么简单的一个词就会把他们带入到极端可笑的地步。昨天，威廉大哭着跑来找我告状——‘他在说我的妈妈！’‘他说了什么？’‘他说他在商店里看到了我妈妈！’就是这句话，就值得他们打了起来。这居然也能成为一种羞辱的可能，根本没有人听对方到底在说什么。他们需要打上一架，所以一切都是理所当然的。”

罗莎琳并不是在询问我的意见，她只是在向一个她自以为不熟悉自己遭遇的人精准地阐述一个事实。的确，我所遇到过的打架在规模上确实要更小一些。“在我的教室里，”我说，“打架往往与空间和玩具有关，虽然我班里像你描述的这样的男孩并不多。你所说的战争听起来要更激烈，波及范围也更大。”

“严重多了。我也曾在你那样的学校里当过老师。噢，是的，我的孩子们也会为了一个玩具打架，或是因为谁撞倒了什么东西。但在这里，一切都会被看作是故意的藐视和带有侵略性的行为，根本就没有商量的余地。”她深吸了一口气，勉强地笑了笑。“请不要被我现在的心情误导，这里的孩子们都很可爱，也很有感情，我很爱他们。相比之下，我刚刚当幼师时曾在一所白人学校里带班，那里的孩子就有些疏远和冷漠。我还是宁愿在这里。可是，我总感觉……”

这时突然响起了敲门声，罗莎琳大声说：“进来，埃丝特！这是我的朋友，埃丝特·邦纳，我们幼儿园里的另一位老师，是我让她过来一起聊聊的，因为她今年情况好一些了，她可以给你讲更快乐的故事。”

埃丝特的年纪比罗莎琳大至少二十岁。她们两个都是非洲裔美国人，显然已经建立了深厚的友谊。“罗莎琳这一年过得很艰难，”埃丝特说，“我知道她都已经跟你说了，但她一定没告诉你她是一位多么好的老师！我一直让她严厉一点，对孩子要求高一点，可她又不愿意那样，是吧，亲爱的？”

罗莎琳亲切地盯着埃丝特：“我不这么想。我也试着用惩罚的手段来处理这样的事情，但就是做不到。我想让我的孩子们对我的正常情绪作出反应——怎么说呢？比如礼貌的劝导？可刚才我提到的那几个男孩是不会听话的，除非我气势汹汹、盛气凌人。我必须保持一定程度的愤怒，但这让我精疲力竭。埃丝特，我再没什么幽默感了，就像你那样，我们总能听到你爽朗的笑声从走廊上传过来。”

“好吧，我的孩子们是比较好应付。可你毕竟还有许多表现很好的孩子啊。”埃丝特转过头对我说，“罗莎琳班上有几个男孩是很特殊，他们需要心理辅导，可这些辅导是需要时间的，包括帮助他们的家庭理解这一切。像这样的孩子失控后，我们唯一能做的就是把他们送到办公室，等着他们的家人把他们接回去。可这对于五岁的孩子来说，实在不是什么好办法。”

罗莎琳皱起眉头：“你总是擅于应付这样的孩子，埃丝特。你好像……”

“现在我也不确定了。我的风格也有点和以前不一样了，我想，是有点更——你知道，我们曾经就这些事讨论过许多次，谈得都很好。事实上，我们的风格越来越相近了。罗莎琳上过耶鲁大学，她跟你说了吗？她有些想法真的很好。”

罗莎琳害羞地笑了笑，但精神明显好了许多。“是的，我承认我们很相近，”她说道，“我们都想对孩子好，都想在孩子面前做出善良、体贴的好榜样。但埃丝特更传统一些，她很少会选择游戏，而是让孩子们做纸面作业或是桌上手工。她想把孩子思想不集中的可能降到最低，而我似乎总是喜欢把主题扯得很远。”

我大笑了起来："要知道，我也总是这样。"

埃丝特用力地点头："没错！罗莎琳和你一样。我这么说是因为我读过你的两本书，关于幻想游戏和故事的，当然还有表演故事。但最特别的还是你与孩子的那些讨论！我很喜欢这种方式，真的很喜欢。我知道这种方式有助于让思维保持活跃，我也想在我的教学计划里加入这种方式。可坦白说，我担心它会和我构建的教学结构发生抵触。"

"埃丝特，老实说，你可能会觉得我说得有些空泛，"罗莎琳说道，"可只要朱莉安把那五个男孩带出教室，我就能一本本地读书给孩子们听，孩子们也会对这些故事作出反应，一起谈论故事。"

"她很会带动孩子们讨论。"埃丝特为罗莎琳感到骄傲。但罗莎琳抗议道："那是只有当戴蒙、艾伯特和威廉被带走的时候才会。是的，其实只有这三个孩子。当他们不在时，剩下那两个还好。"说到这里她突然停下来，拍了一下桌子。"好了！不要再抱怨了！我已经把一星期的牢骚都说完了。对了，叔叔建议我邀请你讲讲特迪的故事。你介意吗？在孩子们进教室之前，我们还有点时间。”

我匆忙起了个头。我发现我可以用两种方法来讲这个故事，一种短一点，一种长一点。虽然还没有固定下来用某种讲法，但我常常会在讲故事的同时考虑到听众的最新反应。那么，此刻我讲的就是一个有关托娃的母猩猩和公交车的故事。如果时间多一点，我还会将更多的最新反应考虑到故事当中，就像这个最开始讲的故事一直没有讲完，直到我可以证明这些故事已经在不同人身上产生了效果。即使是现在，我也会伸手去拿录音机，因为事先我已经跟两位老师商量过，我可能会把我们的部分谈话录下来。“是个老习惯了。”这是我的借口，但没人反对。

我刚讲完特迪的故事，罗莎琳就把手按在我的手臂上。“我这里也有一个很棒的例子，和这个故事很像，你要听吗？”她一脸兴奋的样子就像是他叔叔班上的女生，“那是上星期发生的事，我还为此高兴了一阵子！之后我又拼命让自己忘掉它，并再次跌回到沮丧的深渊。好吧，不管怎样，那时我们正走在前往体育室的路上。那对孩子们来说可是一条很长的路。我常常对他们说：‘我知道这很难，但我们在走廊上必须保持安静。’一如往常，那五个男孩依然大喊大叫地跑在最前头。我向他们发出严厉警告，可他们还是一直跑，彼此撞来撞去，还差点打起来。

“等到了体育室，我已经火冒三丈。我必须做点什么才行。于是我把五个男孩留在门外，告诉他们，只要想好下次怎样才不会在走廊上乱跑，我就让他们进去。要知道，这些男孩非常想进去，他们很喜欢运动，我也想让他们打开门进去，适当地跑跑步，可我必须表明我的立场！”

说到这里，罗莎琳悲伤地摇摇头。“我知道，我知道，我这样要求他们其实毫无意义，但我不得不去控制局面，你理解吗？艾伯特是五个孩子当中最脆弱的一个，他承受不了这种压力。我立刻意识到自己的行为简直就是大错特错。其他孩子很快就开始编造各种答案，只有艾伯特有些失常，这真的是一件很危险的事，他不断地摇着头，嘴里念念有词。我有些害怕了，开始四处张望寻求帮助，可走廊上空无一人。”

真是一个巨大的悬念，我和埃丝特快要坐不住了。我很想让罗莎琳说快一点，罗莎琳也看出了我的心思，于是继续往下说："戴蒙和其他孩子正推推搡搡地往里走，他突然一眼瞥见了艾伯特，此时艾伯特正嘟嘟囔囔，身体抖得越来越厉害。可一眨眼的工夫，戴蒙就已经到了艾伯特身边，他紧紧挨着艾伯特，轻声地说着什么。顺便说一下，我真的是数不过来之前戴蒙曾打过艾伯特多少次，他的个头比艾伯特大多了。"

罗莎琳弯下腰，好像自己就是戴蒙，正在艾伯特耳边喃喃低语。"'嘿，小子，兄弟，看着我，嘘——！安静下来，照我说的做，艾伯特，小子，来，你能做到的！嘘——！跟着我做，看着我，嘘——！'艾伯特依然抖个不停，但戴蒙仍寸步不离，他把一根手指放到艾伯特的嘴唇上。'嘿，小子，冷静下来，嘘——！像我这样，嘘——！这样真的有用，老师会让你进去的，嘘——！我们做兄弟吧，小子，嘘——！嘘——！'"

我屏住呼吸。罗莎琳这时也坐直身体，像托娃那样举起双手，脸上闪着快乐的光芒。“艾伯特终于自己安静了下来，全神贯注地盯着戴蒙。接着，奇迹中的奇迹发生了，他接受了戴蒙的拯救，像蒸汽机一样吹着气，‘嘘——！’戴蒙一把搂过艾伯特，把他抱在怀里——那可是艾伯特！一个不愿意让别人碰触的男孩！最后两个孩子手拉手走进了体育室。”

我和埃丝特握着手，大笑起来，似乎不用把一切听完了。“噢！”我们最后不约而同地欢呼。我仿佛又听到了罗莎琳叔叔的话：“是的，这是一个灵性的时刻。我们都是见证人。”

罗莎琳的孩子们看上去很听话，可能是因为有陌生人在场，也可能是因为戴蒙的妈妈就坐在墙边。她是主动提出要留下来的，因为戴蒙前一天表现很不好，于是她被请来了学校。

孩子们挂好外套和书包后，就直接坐在自己书桌后面的位子上。那天要学的是字母“B”，每个人的作业本上都已经写好了包含“B”的单词，准备在上午稍后的集体发音课上使用。孩子们开始认真抄写一行行的“B”，罗莎琳和助理罗恩在孩子们之间走来走去，和每个孩子轻声地说着什么。他们一边指着页边上的图片——“baby，ball， bear, bunny, bulldozer”，一边和孩子们愉快地交谈。“B”的发音一直在教室里此起彼落，就像是温柔的切分音[1]。

气氛即将开始发生变化。“这个是‘B’吗？这里没有‘B’！”罗恩动作很快，就在罗莎琳摇响小铃时，她已经将手按在威廉的身上。“请把蜡笔放下，”罗莎琳轻快地大声说，“佩利老师不能待太长时间，她现在要向我们展示一下她在她的幼儿园里做的一件特别的事。”危机被成功地转移，罗莎琳把我和孩子们带到地毯上。

我从袋子里拿出一卷纸胶带，打算在地毯边缘内不到半米的四周贴出一个大长方形。“这就是我们的舞台。”我一边撕胶带，一边告诉孩子们，“你们要小心胶带，我们需要用这个舞台来表演我们的故事。”这时已经有十几双小手开始用手指抚摸胶带。

“首先，我要再讲一遍费朗博老师刚刚跟我说过的有关戴蒙和艾伯特的故事。”孩子们个个坐得笔直，来回看着我和

[1] 指的是改变乐曲中强拍上出现重音的规律，使弱拍或强拍弱部分的音，因时值延长而成为重音，此重音成为切分音。

两个男孩。“这是一个非常好的故事，我一定要给大家讲讲。”

孩子们不再东摸西摸，纷纷转过头看着我。“一天，在去体育室的路上，艾伯特、戴蒙和其他几个孩子在走廊上乱跑，非常吵闹。于是费朗博老师决定不让他们进体育室，直到他们告诉她下次要怎样才会不乱跑、不大叫。然后，有三个男孩立刻想到了要说什么，顺利地走进了体育室。戴蒙听到别人的保证后，自己也想好了要说什么。可就在他刚要走进体育室的时候，他一转身看到了艾伯特。可怜的艾伯特孤零零地在那里，当时的样子非常狼狈，他怎么也想不出来该怎样跟费朗博老师说。那么现在，你们猜猜戴蒙做了什么？”

所有人都看向戴蒙，可他好像已经忘了自己做过什么。他的妈妈也很好奇，于是把椅子往前拉了拉。我觉得自己就像一个舞台演员，正面对一群被施了咒语的观众。“戴蒙坐下来鼓励艾伯特，‘嘿，小子，’他说，‘兄弟，照我说的做，肯定有用的，嘘——！像我这样，嘘——！快跟老师说，跟她说你下次再想乱跑乱叫时就说嘘——！’

“好的，现在，请想像一下艾伯特会怎么想，‘戴蒙是我的朋友！他想让我开心！’于是艾伯特跑到费朗博老师面前，把手指放在嘴唇上：嘘——！然后两个男孩一起走进体育室，共同度过了愉快的时光。”

戴蒙有些犹豫地看着妈妈，妈妈则对他笑了笑；直到这时，戴蒙才冲艾伯特咧嘴一笑，知道他们做了一件让妈妈引以为傲的事。

我自己的表演还没有结束。“你们刚刚听到的是一个真实的故事，现在我要把它变成一个假装的故事，这个故事讲的是几只泰迪熊和他们的老师——熊夫人。”当然，孩子们进行这种简单的幻想转换是毫无障碍的。只要一表演起来，他们自己就能自如地转换。

“一天，”我开始了，“熊夫人带领班上的孩子们一起走路穿过一片松树林，前往糖山，那是他们最喜欢玩的地方。‘现在，你们要记住，’她告诉小熊们，‘走过老橡树旁边时一定要保持安静，因为树上有知更鸟的巢，里面住着刚出生的鸟宝宝。我们不能吵到它们。’”

在我的引导下，有六个孩子排成一排，组成小熊的行进队伍，熊夫人排在第一个，小熊比利和小熊杰基则跑到了队伍的前面。“要假装在跑！”我发出警告，“一旦跑出了地毯，你们就不能再表演这个故事了。”

扮演熊夫人的安妮特并不需要我的剧本，她很严厉，而且也不宽容。“坐下！直到告诉我以后你们该怎么做！”她命令道。“我会乖的。”小熊比利尖声啼哭，而一向擅于假装发脾气的杰基则一边大哭，一边满地打滚，直到小熊比利说：“安静点，嘘——！老师，你看他在‘嘘——！’”在地毯上表演的所有孩子也开始发出“嘘嘘”的声音。于是被嘘声包围的熊夫人说道：“现在你们可以去糖山玩了！”

还没等小演员们坐回自己的座位上，安妮特已经开始在我眼前挥着手。“我有一个故事，行吗？我能现在就演自己的故事吗？”

我和罗莎琳对视了一下，她替我回答了这个问题。“佩利老师只有一个故事的时间了，然后她就必须离开。我们以后还会演更多的故事。佩利老师，既然安妮特已经准备好了，那你们现在就先去把她的故事记下来，记好后你们再回来表演。这段时间里，”她将声音放低，“让我们来当个安静的小熊吧，小熊要为‘bear’中的‘b’涂上色。”罗莎琳丝毫不差地抓住了故事表演的精髓。

安妮特迫不及待地开始给我讲她的故事。“有一个妈妈，”我们还来不及坐下，她就开始讲了，“我的故事和熊没关系，行吗？”我们找来了纸笔，然后一起坐在图书室的桌子旁。“她的宝宝不见了，她到处找。你在找什么？找你的宝宝吗？你的宝宝在这儿。我一直在跟你的宝宝玩，因为她是我的妹妹。”

当孩子们回到地毯上时，安妮特宣布自己要扮演姐姐，拉彤雅提出要扮演妈妈,可其他人几乎都想扮演小宝宝。“那么，好吧，”我做出决定，“想当宝宝的人要先蜷腿坐在地毯上，让姐姐来找你。”孩子们开始认真地各自表演，险些陷入争吵的王国又重新找回了和平。

戴蒙第一个跳了起来。“你为什么非要走呢？”他问我，“我这里也有一个故事。”

“费朗博老师和彼得斯老师会记下你的故事的。”我对戴蒙和其他孩子说道，“我现在必须要去看望自己的妈妈了，她在等我。我会把我今天来这里的事情都说给她听。”

孩子们一个个仰着小脸，棕褐色的皮肤有深有浅，他们在等我再说点什么。“我会和她讲‘B’的故事，讲戴蒙变成了艾伯特的朋友，讲熊夫人和她班上的小熊。然后吃午饭时再给她讲安妮特的姐姐、妈妈和走失的小宝宝。”

罗莎琳把大衣递给我，我们拥抱告别。共同经历了这么多的故事之后，我们已经是朋友了。在开车去看望妈妈的路上，我又重新清晰地感受到了自己多年来一直追求的力量——故事表演的力量，将孩子的故事戏剧化的力量。安妮特的故事像礼物一样被她的同学们所接受，这对于他们来说是一次机会，一次分享她如何看待姐妹之情的机会。不过，更重要的是，让一个人表演一个角色——哪怕是走失的宝宝，受苦的妈妈，善良的姐姐——都像是给予一个徘徊的灵魂以新的生命。如果这种感觉都不算是一次灵性的时刻，那还能怎么称呼它呢？

我和妈妈静静地坐了一会儿，直到我替她做好记账的杂事。然后她说："我这里有一个新故事，是关于一个住在这里的人的。"

"我认识吗？"

"你不认识。她叫萨拉·哈里斯，刚开始和我一起吃晚餐。"妈妈停顿了一下，有些不知道该怎么往下说。"是这样，"她终于开口，"我必须要告诉你，现在我去餐厅吃饭时，已经不再是一个有趣的伙伴了。"

她不自在地挪了一下身子。如此袒露自己的弱点对于妈妈来说从来不是一件容易的事。"我不能再用以前的方法去和别人交流。我的助听器会收到太多噪音，而且我也几乎看不见坐在餐桌对面的人。所以他们不再和我说话。我不怪他们，但有时我真的觉得自己是个隐形人，而且……”

“所以，妈妈，搬来和我们一起住真的是很有意义的。我们一直在邀请你。”

“不，我喜欢一个人住，这很适合我。现在，我可以讲我的故事了吗？”她微笑着拍了拍我的手臂，“上周，我其实一直在认真考虑留在家里吃饭，直到一个从来没有和我一个桌子吃过饭的女人坐在我的身边。事实上，如果她先到，就总会为我留一个位置。”

一说到这个新伙伴，妈妈就一反常态地兴奋。“萨拉·哈里斯是很受欢迎的人，总有人围在她身边，可她却选择和我坐一起。我们谈些什么呢？学校！她以前是一位老师，和我讲的都是学校的事！”

“你听她说话就没有障碍吗？”

“她说得很慢，也很清楚，就像你这样。她是一位特教老师，清楚地记得自己教过的每一位学生。她知道我喜欢听她讲他们的故事。”

“等一下，妈妈，她怎么知道你乐意听这些？我有点糊涂。”

我猜妈妈一定很乐于看到我一头雾水的样子。“都是因为你的特迪！一天，萨拉·哈里斯和她的两位客人一起坐到我吃饭的桌子旁，我当时正一个人坐着。他们在谈论一个他们共同认识的人，那个人现在只能坐在轮椅上，情绪很低迷，不过她这样失落并不是因为她不能走，而是因为别人对待她的态度，就好像她是一个不会说话的病人。可她并不是。”

“所以你就和他们说起了特迪。”

“是的，我对萨拉讲了。她是唯一能和我交流的人。我想让她的朋友们知道特迪。感谢上帝，我不是只能坐在轮椅上，但我可以想象那种滋味。不管怎么样，萨拉觉得那是个很美的故事。”

“你一定把故事讲得很好，妈妈。所以，现在萨拉·哈里斯是你的朋友了。”

“我们会一起聊天。当然，她是一位受过高等教育的女士，而我只读了两年高中。但我们会彼此诉说各自的故事。”她的声音渐渐低了下去。

我又给自己泡了一杯速溶咖啡，然后给妈妈的茶里续了点热水。“妈妈，我有个奇怪的问题想问你。你经历过灵性事件吗？”

“是跟上帝有关吗？你是说奇迹？我不知道。现在只要人们能善待彼此，那就算是奇迹了。”

“现在比以前还严重吗？”

“不，以前也是这样。不过我并不了解什么有关灵性的东西。你问错人了。我虽然生长在一个严格信教的家庭，但我们并不把某件事称为灵性。我的妈妈从来不会告诉我们上帝正在看着我们，甚至不会说上帝想让我们做什么。不，她只谈善行。特别是当我对贝姬阿姨特别好的时候，她会这么对我说：‘你做了一件善事。’她常常鼓励我们应该去做善事。”

“我们也从你那里听到许多这样的话。”我笑着说。

“那都是我从我妈妈那儿学来的，习惯了。以前我们住的那栋楼里有一个我不太喜欢的女孩，我也不记得为什么。每天放学，她都会来敲我家的门。‘叶塔可不可以出来跟我玩？’妈妈从来不干涉我的社交生活，她已经够忙了，没空管这个。你知道，她要忙着缝纫和缝缝补补，这样我们才有饭吃。不管怎样，只要我一答应那个女孩，妈妈就会小声跟我说：‘你做了一件善事。’”

“那你有没有问过外婆，一个人为什么要被鼓励去做善事？”

“嗯，不要忘了，我们在家是说意第绪语的，所以我常常要把一种语言翻译成另外一种语言。但我想，一个人必须要赢得被称为‘好人’的权利。对于妈妈来说，这就是做一个好人的全部意义。”

“所以，萨拉·哈里斯是做了一件善事？”还没等妈妈回答，我又继续追问：“她都和你讲了什么故事？”

“和你讲的差不多，只是她绝大多数的学生都有更严重的问题。昨天她和我讲了一个总爱反反复复做某些事的男孩，比如他总是敲六下门，洗六次手，打六下椅子。其他孩子会帮他数数，还会在他弄错时提醒他。你知道吗？他每次必须要按同样的顺序做这些事。过一会儿，他可能会说：‘我再也不做那件事了。’其他孩子就会记住。不可思议吧？那些孩子都有自己的问题，但却会监督他，帮助他做奇怪的事，就因为那对他很重要。”

我探过身子抱抱妈妈。“你看，这样的事又发生了。萨拉给你讲了一个美好的故事，然后你又把故事讲给了我。现在，我又会把它讲给别人听。那么，哪个部分是善行呢？是原本的那个故事？还是后来重讲的故事？我是说，托娃需要我们，是为了讲她的故事；没有了我们，她给一个老人让座的行为就没有真正完成。戴蒙和艾伯特也一样。罗莎琳给我讲了他们的故事，我又用几种不同的方式讲给孩子们，最后又讲给了你。没准你又会把它传递给萨拉，然后它可能又会让她想起别的故事。”

“对了，”妈妈说，“我们不只是给对方讲快乐的故事。昨天她问我对世界最早的记忆是关于什么的。当时我们正在聊她家的伤心事，我就想起了自己两岁时发生的一件事。那时，我们会去在贝维斯托克（Visotzk）的祖父家住一阵子,那是一个犹太人的城镇。我们自己住的吉玎(Gideen)只是一个很小的村落,那里几乎没有犹太人,所以节假日时，我们就会去祖父家住。”

“那个跟随史东林勒教士的祖父吗？”

“对，那个给我们讲故事的祖父。但我这个最早的记忆却是很可怕的，即使当我说给萨拉听的时候，也很吓人。那是一个晚上，有人把我们的房子烧着了。我们相拥坐在祖父的马车上，由他的老马拉着我们离开。我转身看着在大火中被烧得只剩下框架的小木屋，哭着对妈妈大喊：‘我还在祖父的房子里吗？’”

“太可怕了！是谁放的火？”

“我不知道，也没有人再谈起过这件事。但我印象中是有人放的火，不是意外。”

“你从来没有跟我讲过这件事，妈妈。你几乎从来没有跟我们说过以前在故乡的情形，爸爸也不说。在那里，你，一个小孩子，看着祖父的房子被烧掉，不知道自己是在房子里还是房子外，这是什么样的故事呀？”

“最好别再想了，”妈妈劝我，“我的玛莎会让你快乐，但这个故事会让你伤心。”

“我知道，但这个故事和玛莎的故事一样重要。还记得路易斯吗？那个加州的四年级学生，他一直问我知不知道坏故事。”

“你不会要给他讲这个故事吧？”

“可能不会，但讲不讲可能在我，而不在他。”

我忽然想起哈里有一次在午餐时跟我们说起他做的一个噩梦。他用令人颤栗的细节描述了一群长着胡子的强盗把在他身旁大声尖叫的妈妈拖进一辆长车，然后很快开走了，周围一个人都没有。我那时在想，这恐怕是我从孩子那里听说的最可怕的噩梦了。

第二天，希拉，一个几乎从来不跟哈里说话的害羞女孩，在讲了她自己的梦之后，又把梦当成故事表演了出来。她在一个长满美丽玫瑰花和池里有荷花的秘密花园里。她故事里的一句话后来还成了我们的口头禅："那里一直都很和谐，从来没有人打架。"

哈里一共听了三遍希拉的故事：一次是我记故事的时候，一次是演出的时候，最后一次是几天后，他要希拉把故事拿给我再念一遍。我对这两个梦都很好奇,希拉的"好"梦之所以对哈里意义重大，是因为他跟我们讲了他的噩梦吗？是希拉田园美梦的重现阻挡了可怕的梦境对哈里的影响吗？即使是现在，这种神秘的连接还在困扰着我。从那时开始，每当哈里看到希拉一个人在桌旁画画的时候，他都会离开积木区，走过去坐在她旁边，画他那些像是要飞起来的优雅动物。

我的下一个演讲内容是关于忍耐和包容的，但我却犯了一个很严重的错误。这件事不但动摇了我的信心，还令我感到沮丧和羞耻。

我慢慢拉开故事的大网，从特迪到萨拉·哈里斯，我以为那是一个足以包含所有人的架构。但是，我没有想到，我赋予自己这个“新角色”的过程太过顺利了。我不再像在教室里那样每天都要接受考验，所以我几乎没有可能掩饰自己的错误；而在这里，在这个讲台上，善的幻象来得太过容易。不过，这也不是今天才形成的。

在演讲后的讨论中，与会者开始发表他们的个人意见。

他们使我想起了加州的那些四年级学生，这些成年人好像也必须先揭示他们悲伤的原因，然后才能想起他们为什么要抱有希望。

一位非洲裔美国女士想起了自己所受到过的羞辱。当年，她的大学白人室友抱怨她在宿舍里拉直头发，这一行为对她们来说既陌生又不招人喜欢。“她为什么不去美容院弄那些难闻的东西？”她们提出要求。但如果她解释是因为付不起美容室的专业服务费用，可能只会招来更多的羞辱，于是这个冲突就成为她大学生活里的阴影。

后来，她成了一名乡村小学六年级的教师，以为终于可以开始讲一些自己的故事。比如，她向白人同事解释为什么称呼一个黑人男学生“小鬼”[1]是很伤人的，这是非常重要的。当他们大叫“排好队，小鬼！”的时候，她可以感觉到那个黑人男生的愤怒。然而，她的生活经历再次被看作是琐碎和无关紧要的东西。

[1] 在美国俚语中，“boy”（小鬼）一词是对黑人带有贬义的称呼，也是白人对黑人奴仆的一种叫法。

很快，台下的人们纷纷表示认同，在学校里性格沉默的人被伤害或被忽视的故事接连出现：一位口吃的美国原住民妇女因为着装遭到了别人的歧视；一位男士因为在运动场上笨拙的动作而遭到排挤和嘲笑；一位女士因为过胖的身材受到嘲笑。似乎根本就没有“好”故事来让天平保持平衡。这些情况对于孩子们来说可能会容易一些，因为他们会急着去寻找爱与接纳的证据。幸运的是，孩子们总能把自己想象成英雄人物。

但我的听众不是小孩，他们是教导小孩的大人。我渴望能有一个人给我一个好故事，但是一直没有。种种不公平的回忆对他们伤害很深，这让我十分震惊，以至于让我无法集中精神去分辨他们各自的相貌。我发现自己还是希望能够站在孩子的教室里，让在阳光下奔跑的小狗、与走失的宝宝一起玩耍的姐姐，把我从绝望中拯救出来。

一位长着胡须、表情严肃的男士正在讲话。他讲述了一件童年的往事。因为他是墨西哥人，所以在体育活动分组时，他一再遭到同学的排挤，“不要选……”男孩们叫着，不过我听不懂那个绰号。于是我皱着眉，充满同情地摇摇头，然后转过脸，看向教室的另一侧。

突然，一位年轻的金发女士站了起来，开始严厉地谴责我。“你根本没有听他说什么！”她大声说，“请看着那位墨西哥人！我们没有一个人在听他说。他正在告诉我们，别人待他就像尘埃一样，可你并没有站在他那一边，而是把他悬在那里！”

我有些头晕，好像需要透透气。“我叫马德琳，”她继续说，“但你并没有问过他的名字——或是问问他们给他起的绰号，还有那些难听的字眼，这样我们才有可能知道他们是些什么人！”她一边抽泣，一边向我走过来。“我们都仔细听了你的故事，可你实际上却在忽略他。”她停下来擦擦眼泪，然后用更加低沉的声音说道：“在你的书里，你可从不会忽略任何一个孩子的故事。”

听众们目瞪口呆，接着开始回避彼此的眼神，但我的视线却再也离不开这位女士。“谢谢你，马德琳。当然，你是对的。”我转向那位墨西哥人说，“不好意思，我还不知道你的名字。”

他抓住椅子的扶手，慢慢地站起来。“我叫曼尼。嘿，没关系，你是在台上演讲，而且有那么多人想要发言。”

“不，曼尼，我真的很抱歉，非常抱歉。这并不是没关系，你说出了让自己痛苦的记忆，那是一件好事。如果我妈妈在场，她会比我更理解你是在向我们展示如何成为一个好人。马德琳理解到了这一点。”

听众当中有一位年长的人站了起来。“曼尼，我们应该对你说些什么呢？”

听到这个问题，曼尼感到很惊讶。“我想，我是想让人们对我说：‘那是他们做的坏事，你不应该承受这一切。’”说着他向马德琳挥挥手，“这位女士比我勇敢，我女儿也像她一样，而我已经沉默得太久了。”

有人拍起了手，其他人也跟着拍起来，紧张感就此消除，演讲也结束了。会后，立刻有一群人围住了曼尼，另一群人则围住了马德琳，还有几个人排队想要和我聊聊，或是拿着我的书要我签名，但我已经没有兴趣做这些事。我宁愿一个人待着。

“这实在很戏剧化，”一个黑人对我说，“当那位女士哭起来的时候，我想起了以前，有几次甚至是在我还是小孩的时候，我本应该为受欺负的人辩护，可我并没有开口。即使是现在，在教职员的办公室，我依然开不了口。她做了一件好事，这里的人都不会轻易忘记这件事。”

是的，马德琳做了一件好事。她看出了别人的痛苦，也付诸了行动。但是我为什么没有呢？路易斯警告过我：“有的时候，人不是都那么好。他们会在我话刚说到一半时就走开，甚至有一个老师也这样对过我。”

在坐飞机回家的路上，我把事情的经过都写在了日记里，之后才找到一点安慰。“到底是怎么回事？开始的时候是我在讲述好故事。然后，他们讲述的都是坏故事。可所有的坏故事加起来最后却变成了一位女士做了一件好事，做了一次善行。一切又都变成了一个好故事，只有我不是英雄。这很伤人。就像托娃一样，我也想当英雄，可我却疏忽大意，没有站起来，把英雄的位子让给了别人。”

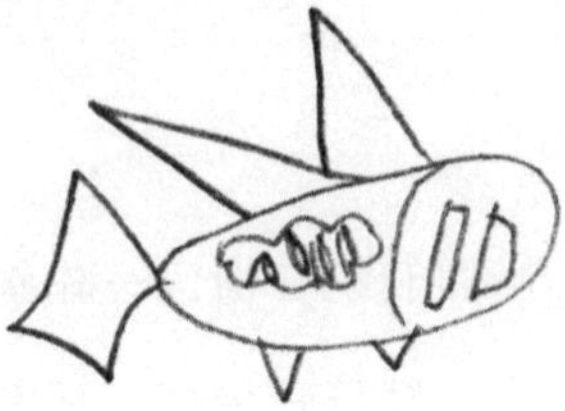

妈妈一言不发地听着我的忏悔。一阵暴风雨砸在湖面上，公寓忽然暗了下来。她打开台灯，开始翻看赫兹拉比版的摩西五经。我去打开了其他的灯，我们两个都不喜欢暗暗的房间。

“我在找东西，薇薇安，就在《申命记》[1]的末尾。”她用放大镜费力地看着。我一直都很惊奇于她竟然可以如此灵巧地使用这么难用的工具。“你以前说过的，人很难做到去聆听每一个人说话，只有圣人才做得到，这让我想起了经文里有这样的话。要不要来杯咖啡？我还要等一会儿才

[1]《圣经旧约》中的一卷。

能找到。”

我在她的小厨房里忙着，一边等水开，一边把瓶子放好、把盘子放回去。但是水还没开，我就听见妈妈大喊：“在这里！这一页上还有记号，谁知道是我多久以前做的。”

我走近书桌，大声念着《申命记》第30章第11行：“我今日所吩咐你的诫命，对你并不困难，也不太远。”旁边是一个铅笔画的小箭头，那是妈妈在研读这些句子时所做的记号。正是这个小箭头，促使我继续往下读了第12，13，14行。

“不是在天上，使你说：‘谁替我们上天取下来，使我们听见可以遵行呢？’也不是在海外，使你说：‘谁替我们过海取了来，使我们听见可以遵行呢？’但这话离你很近，就在你口中，在你心里，使你可以遵行。”

这一页的最下方有不同拉比的解读，而这些带有连续性特点的解读常常是我理解大部分圣经篇章的基本要素。可我现在读到的这段解读，好像就是专门为我写的一样。

“不是太难，”它告诉读者，“也不是太远；而是近在眼前、清楚并可行……不是摸不着，不是看不到，也不是远离日常生活范围……不是取不着，也不是超自然，不需人去丈量天堂的高度去找它，把它带回地球！”

我从抽屉里拿出一张硬纸片和一支毡头笔，用大字把这个句子抄了下来：“它不在天堂。”这句引言将会被放到我的桌子上，而不是妈妈的桌子上。它将提醒我——聆听每个人的声音不是只有圣人才做得到，对于在普通地方生活的普通人来说也不会太难。还有什么地方比教室更普通呢？

一抬头，我发现妈妈正在椅子上打瞌睡，于是就把鸣着笛的水壶关掉，然后继续读《申命记》。我立刻注意到第31章第12行出现了“孩子”：“要召集百姓，男人、女人、孩子……叫他们都得以听见，好学习敬畏耶和华——你们的上帝谨守遵行这律法的一切话。”孩子？我不记得以前在经文里看到过“孩子”这个字眼。而令人高兴的是，这一页的最下面也有拉比的解读。

“没有人比拉比更清楚婴幼儿话语中所迸发出来的精神力量，‘道德世界的建立依赖于学龄儿童的语言’，这是他们的深刻格言之一。”

这句话的力量深深震撼了我。道德世界的建议依赖于学龄儿童的语言？当然，这可以被解读成依赖于我们在孩子年龄还小时教给了他们什么，但我更愿意把它解读成孩子们已经知道并可以教给我们什么。

如果道德世界的构成是以孩子的语言为基础的，那么，我对倾听他们语言的热情还算不上是过了头。事实上，我觉得我做得还不够，孩子们所说的话可远远比我记下来的多得多。

妈妈睁开了眼睛。“我睡很久了吗？”她问。

“十分钟吧。不过先听听看我找到了什么，是很久以前的一位拉比说的，‘道德世界的建立依赖于学龄儿童的语言’。怎么我以前都没有读到过这句？你记得你读过吗？”我又慢慢地说了一遍，然后两个人就这样静静地坐着，看着冰冷的雨点打在窗上。等我离开的时候，这些雨或许会变成小雪吧。但是现在，凶猛的暴风雨和我们在经文里发现的这句话所产生的震撼力却是完美相配的。

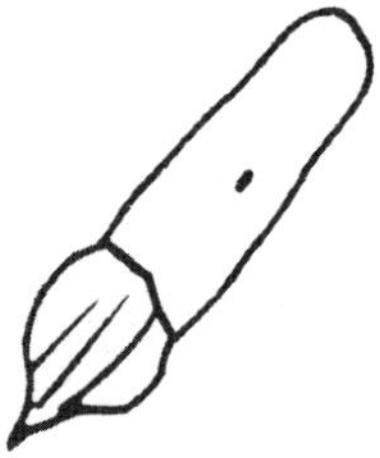

我和卡斯又回到湖边，到处都是积雪，纯净的白，偶而会看见鹿的脚印和几只勇敢的海鸥。湖面上吹来的风为我们的日出散步开辟了一条窄路，天空中一道透红的光线也开始为我们照亮前面的方向。

这色彩实在是太惊人了，但我看到的却是曼尼。他站在那里，展开双臂，努力解释他在童年遭受到的羞辱。要是能回到当时的情境，我一定不会往别处看。那是轮到曼尼被倾听的时刻，可我却让他失望了。如果教室是唯一可以保证所有人都能拥有被倾听机会的地方，那又会怎么样？如果有人中途走开不认真听，那么我们可能终生都会有讲话被中断的感觉。马德琳知道这种感觉，所以她才会哭着抗议。

这背后其实隐藏着一个古老的智慧。一位老师曾经对我们当时的一行人说，在南非的杉族（San）部落，一旦有族员离开，即使只离开一天，其他族员也会说他已经死了。“因为当我不在时，我就无法听到族人的故事，”一个杉族人向她解释道，“那我那一天就等于是死了。”

那位老师被杉族人的话深深打动了。“是的，每个人都必须讲出自己的故事，”她继续说，“没有人能替别人说话。外来人甚至根本不知道杉族人的真正名称，有的人叫他们布须曼人（Bushman），但他们并不这样称呼自己。所以，怎么能让别人讲述他们的故事呢？”

杉族人的故事所引出的孤立形象对我们产生了很深的影响。我想到了被赶出教室的马丁。当他独自坐在走廊上时，他一定非常了解杉族人的感受。他被剥夺了倾听别人所有故事的权利，也不能讲述他自己的故事。即使是一个正常离开的学生返校，可能也只会听到一再重复的老师的故事——因为要补习缺课期间落下的数学课或自然课。但并没有人会重述班上其他同学的话，那才是一个孩子最渴望听到的。哈里理解马丁失去了什么，所以才会用饼干来弥补。

而我自己身为人师的觉醒，是通过聆听孩子们想听的故事来实现的。光是他们的声音就能使我不至于在教室里迷失方向。为了能捕捉到孩子们更多的语言，我会让孩子们一直表演下去，这样表演本身就不可避免地变成了一个可以被一再讲述的故事。“还记得我们表演迷路时来了一个好巫婆吗？我们再来演一次吧。”

我开始要求孩子们把这些自发创作的剧情口述给我听，这样我们就能把它表演出来让大家看到，也让大家参与，从而更加接近每个故事的意义。为什么孩子们会如此认真地看待扮演游戏？到底是什么让他们产生高度专注和情感承诺？这种扮演游戏中某些更深层次的解释恐怕不是成年人所能描述的，而这些大人也可能已经忘记了这样的问题。

举个例子，如果在假装成某人或某物的过程当中，孩子们从别人那里学到了东西，哪怕只是暂时的，那是不是也可以被看成是最高的善行呢？

假装你是一个迷路的小宝宝，一个惊慌失措的妈妈，一个勇敢的姐姐，感受着痛苦，为拯救而欢呼。假装你是一只快乐、顽皮的小狗，知道那个讲故事的人之前还不肯让你在积木区里跟他玩，而奇迹般地，此刻他却唤醒了你对他的信任，让你相信他有可能成为你的朋友。

如果体会别人的感受是道德世界所依赖的基石，那么那些古老的圣贤便是对的。因为当孩子不断寻求与别人接触的机会，并彼此赋予表演的角色时，本身就是在体会别人的感受。而这些重大问题是我们要从学龄儿童时期开始就要做的终身调查。

我的脑子迅速地回忆着——那比学龄儿童更小的孩子呢？对于他们来说，结交一个朋友的需要会在多早的时候出现呢？我想起了托儿所里的两个小娃娃，当时他们正上演一出“无言剧”，只是他们的老师并没有注意到。还不到十八个月大的彼得把一个球放在桌边，球滚到桌下，最后停在西娅的脚边，彼得显得很吃惊。西娅半爬半走地把球捡了回来，然后停下来看着彼得，又把球放回到桌子上，结果球又滚了下来。

两个孩子看了一眼附近的老师，老师正忙着一边摇晃一个婴儿，一边念书给一个刚学会走路的孩子听。彼得皱着眉头把球从柜子底下拿出来，正犹豫着把球放回桌子上。可这一次，他的手刚离开球，一只纤细的小胳膊伸出来把球固定在了桌子上，原来是西娅让自己费力地站起来，就是为了帮助彼得。

两个孩子互相看着对方，然后彼得笑了。一个伟大而又不可思议的事情发生了：为了不破坏球的平衡，两个孩子都没有再动，直到零食时间的铃声响起。充满魔法的时刻就这样被打破，他们很快就忘掉了球，那个球也“蹦蹦跳跳”地滚到了另一个房间。

在零食桌旁，彼得还无法“讲述”西娅的善行，但或许在某处，这个道德世界已经注意到了他们的互动。

我又想起了另一个类似托儿所事件的场景。这次“撼动世界”的是五年级的一个男生和一个女生。他们当时正和其他同学坐在美术馆的地板上，每个人都在看一个闪着红黄蓝光束的霓虹灯管结构，灯光照在对面的墙上，也照在讲解员的脸上。

“你们觉得艺术家在想什么？”她问道。起初并没有人回答，后来一个男孩说出了一个事实：“要知道，在没有电的房子里就不能安装这个。”讲解员还没有说什么，老师弯下腰低声说：“别装傻哦，多米尼克！”几个孩子咯咯地笑起来。

可坐在他旁边的女孩并没有笑。她的名牌上写着：阿比。这时其他学生已经开始回答讲解员的问题，阿比却小声地跟多米尼克说："你的意思是，有些人很穷，付不起电费？所以这个东西没什么用？"

多米尼克感激地点点头。"对，或者是住在山顶上，"他说，"那里根本不能布置电线，所以只能在照片上看看它。反正就是不能装这种东西。"老师皱了皱眉，两个孩子便不再说话，但坐得更加笔直，彼此交换了一个神秘的眼神。

多米尼克和阿比真的能够感觉到刚刚发生的事情有多重要吗？他们两个共同创造了一个互相信任、彼此尊重的时刻，而这个时刻本身，就像是一件艺术品。他们就是见证人。费朗博教士一定会说："这是一次灵性体验。"

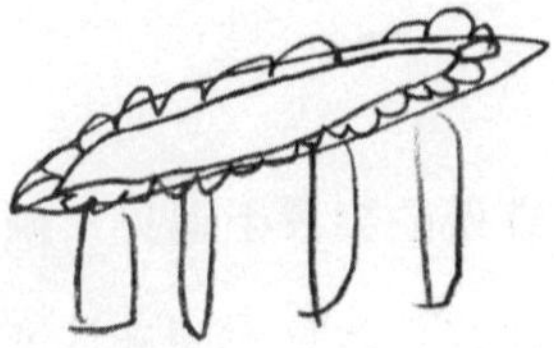

春天时，我在卢森堡的会议上遇见了阿兰，他是一所学校的校长，邀请我在开会休息时间去他家做客。我们坐在他家的花园里，他向我询问了一些有关美国教育的问题。但是，我却注意到了他那个正在池塘边玩耍的两岁女儿，玛丽。她正全神贯注地看着草地上的某个东西，在我看来，那似乎是一件最美妙的东西。或许我已经忘记了孩子们本来就会非常专心地去研究他们所关注的事情，至少是他们当时感兴趣的。

“爸爸，”她指着正从壳里探出脑袋的蜗牛大喊，“我可以和它玩吗？”她说的是我听不懂的卢森堡语，但她的动作已经准确表达了她的想法，所以我知道她的意思，而且她的爸爸也会帮我补上漏掉的信息。

阿兰拿起蜗牛，放在玛丽的手上。“噢，不！”她大哭起来，甩掉手上的蜗牛。看着蜗牛爬向水边，她再次提出要求：“爸爸，我要和它玩！”

阿兰再次把蜗牛拿起来，放到女儿手上。可玛丽再次尖叫着把蜗牛甩掉，同时又对自己的行为感到很困惑。她想要和蜗牛玩，但又因为惧怕陌生小动物而不得不逃避。“如果蜗牛是个小孩，”阿兰开始发表意见，“玛丽或许更能知道该怎么做。她只有几个小玩伴，但在公园里遇见小朋友时，她通常都能和他们玩在一起。”

玛丽跟着蜗牛来到池塘边，又发现了好几只大大小小的蜗牛。她瞪大眼睛。“爸爸，这是蜗牛妈妈，她想让她的宝宝和我玩。因为他很孤单。”

“那蜗牛宝宝想和你玩吗？”阿兰问道。

“想，我们是朋友，学校里的朋友。”阿兰把一只最小的蜗牛放进了玛丽的篮子。“把妈妈也放进去，还有爸爸，要不然宝宝会哭。”玛丽轻轻地哼着歌，用青草和叶子把蜗牛的家弄得舒舒服服的,然后提着篮子慢慢地来回走着。“上学去，上学去。”她用假声唱着歌，“推我，推我，荡秋千。”她坐在柔软的草地上，摇着她的篮子。“读书时间到了。”她颤着声音说，然后举起手，像是摊开一本书，直到注意力被一根形状怪异的树枝吸引过去。她把树枝放进篮子，蜗牛的尖叫声告诉我们篮子里有异物入侵，没准是一条蛇。这场表演一直在继续,但玛丽的声音太小,我们几乎听不见，也就无法再去窥视这个创作的时刻。

玛丽回房小憩了，我把玛丽的蜗牛和安妮特走丢的宝宝做了一个对比。“这两个故事有很多相同的地方。”我说。

“玛丽的故事是在自然的情况下发生的,”阿兰回答,“安妮特的故事则是发生在幼儿园的讲故事时间。不过，的确，两个女孩都创造了几个无助的角色，然后又让角色进行表演。另外，玛丽故事中发生的每一件事其实都一直在她的脑子里。你知道，我们的小宝宝即将出生，而且也开始和玛丽说起宝宝出生以后，她就要去上学。我们觉得她需要和小朋友一起玩，但这些事情让她很困扰。或许安妮特也在担心新出生的宝宝会取代她。”

“很有可能。”我说，“所以她首先想象的是宝宝不见了，然后再表演把宝宝安全地救出来。但是，阿兰，我必须要问你，为什么你觉得玛丽的故事发生得比安妮特的更自然？把故事讲给其他小朋友听，然后让他们参与表演，这无论如何都是很自然的吧。讲故事的人的意图是把其他人带进他的世界，只是方式上需要注意力的高度集中而已。”

阿兰大笑起来。“我懂你的意思。这让我想起一个老问题：如果森林里有棵树倒了，但是没有人听到树倒下的声音，那到底算不算有声音呢？换句话说，没有人听到或是没有人参演这些故事，那这些故事到底算不算被讲过呢？它们发挥了它们的功能吗？”

一只小猫从屋后走了出来，跳到阿兰的腿上。“不过这些意图是不是太深奥了？”阿兰一边抚摸着小猫，一边陷入沉思。“孩子们应该都是哲学家。你读过加雷思·马修斯[1]

[1] 美国著名哲学家，倡导儿童哲学，肯定儿童思考哲学问题的能力。

（Gareth Matthews）的书吗？他说孩子们都是真正的哲学家，他们处理的问题和成人哲学家没什么不同。”

他把小猫放到地上，开始捡拾散落在草地上的玩具。“那么，孩子们到底在用哲学思维思考些什么呢？”他继续说，“其实就是如何接近每一个人、每一种感受、每一件东西和每一次事件。我一直提醒学校的其他老师：计算机不能帮助孩子完成这些思考。是的，计算机可以让他们获取信息，但不能让他们思考。噢，还有，我们学校的幼儿园老师，玛戈，其实她就很懂计算机，但也很会讲故事和表演故事。她想让你去看看她的教室。她的学生们都不会说英语，但是必要时，我和她都能帮你翻译。”

第二天早上，自由活动时间，阿兰带着我来到了玛戈的教室。我先是观看了两个玩偶戏演员——索尼娅和尼娜的表演，她们是最近才从葡萄牙移民过来的。虽然她们说的话我一个字也听不懂，但她们的热情吸引了我。我发现玛戈也听不懂她们在说什么，因为两个女孩说的是葡萄牙语。当玛戈想要了解她们在表演什么时，尼娜就紧张地和索尼娅交流，让她的朋友当翻译。“尼娜还没有学会卢森堡语。”玛戈告诉我。

玩偶戏的剧情是一个众所周知的故事：两个公主在黑暗的森林里迷了路。我孙女的玩偶也正在某个不知名的森林里游荡，寻找可以拯救自己或是自己可以拯救的人。不管故事的要求是什么，都需要一个哥哥的角色，就像现在，一个名叫保罗的男孩将会被叫到现场。

保罗有点迷茫。在我看来，他就像是一位正在寻找故事的演员。“保罗，保罗，到这儿来！”两个女孩大叫。我很想知道他们是在用哪种语言交流的。不过，既然尼娜是直接与保罗对话，那么他一定也是葡萄牙人。两个女孩推给他一个兔子玩偶，然后叫他躲到帘子后面。过了一会儿，她们假装吃惊地把他从帘子后面拉出来。保罗一脸感激的表情让我想到了特迪：他们都是被人从困境中解救了出来。

在这期间，玛戈一直坐在教室中间的小桌旁记录孩子们的故事，她不断起身去帮助别的孩子，但一直坚守自己的目标——聆听每一个讲故事的孩子。现在，她已经写完了六个故事，于是便把孩子们叫了过去，围坐在地毯上，这时阿兰也回来为我当起了翻译员。

令我们惊讶的是，尼娜的故事排在了第一个。但是，玛戈是怎么记录她的故事的？是索尼娅替她逐句翻译吗？

显然，这都是尼娜自己解决的——她事先让妈妈做抄写员，把自己的故事抄写成两份带到学校来，一份是葡萄牙文，一份是卢森堡文。

玛戈试着用不熟练的葡萄牙语念了第一句，然后打算再用卢森堡语念一遍，这时却发生了一件奇妙的事。尼娜慢慢走到地毯中间，用卢森堡语向同学们讲起了自己的故事。阿兰有些困惑地转向我小声说："这是怎么回事？"

尼娜忽然之间就不再需要中间人了。她对自己故事里的角色、情节和对话拥有完全的指挥权，她站了出来。四个孩子到宠物店去买小狗，回来时却抱着一只小狗和一只小猫。"我是让你们买一只小狗的！"他们的妈妈大声说。"可他们是朋友。"孩子们答道。于是这个骄傲的妈妈命令孩子们去自己喂宠物。

整个表演都是用卢森堡语完成的，并且是在故事的创作者信心满满的指导之下。现在，创作者走下舞台（地毯），坐回到自己的位置，低下头，小声地跟索尼娅说着话，紧张得就像个害羞的孩子。

午餐的时候，我和玛戈、阿兰谈起了这件不寻常的事。“那她以前为什么要比比画画，像打字谜一样？”阿兰很好奇，“她是不是觉得自己是个局外人？”

玛戈点点头。“一定是这样。但故事里肯定有她要坚持的东西，足以让她卸下伪装。”

“没错，就是这样！”我兴奋地挥着手，差点打翻一个高脚杯。“你们看我这样说对不对：这个故事成了尼娜的通道，就像索尼娅一样，这个通道的作用就和朋友一样。有了朋友，人就可以卸掉伪装。”

是该向玛戈和阿兰说说特迪的时候了，因为特迪也有伪装。他的情况让他无法跟小朋友进行正常的交谈，可当他进入一场表演或一个故事的时候，真正的特迪就会出现。“如果特迪在我的班上，”我大声说出内心的疑惑，“我是否能帮助他说出自己的故事呢？”

“孩子们总会找到办法的。”阿兰说。这时一位家长停下来和他说话，他没再往下说；我正好趁机继续陷入沉思。特迪的通道是埃德蒙的故事和与印度男孩的交易，那次他们的对话只有两句：特迪说的“玉米片”和另一个孩子学着大人的口吻说的“先生，给你！”然而，接纳和归属的世界既会为“外人”打开，也会为“本地人”打开。“寄居在你们那里的外人，你们要看他如本地人一样，并要爱他如己。”《利未记》[1]中的这句经文一定是《申命记》里那句话的前身。“不是在天上……因这话离你很近，就在你口中，在你心里，使你可以遵行。”

我感觉自己正在微笑。我是否已经来到了一个需要引用经文来激励自己表达的新世界了？然而，我就不能在没有任何宗教意图的情况下引用古老的经文吗？恐怕我在自问这个问题的时候，答案就已经很清楚了。当然，任何人都可以大声唱诵圣经的经文，因为它们会让我们感受到曾经看到蓝色苍鹭振翅飞过林梢时的感觉。但我想，我的用词可能永远都只属于现实教室。说到这里，我希望自己能够更自在地面对费朗博教士和犹太教拉比所引用的经句。通常来讲，那些话听起来更有说服力。

---

[1]《圣经旧约》中的一卷。

回想起我曾经拜访过一所天主教学校，他们当时邀请我去一个班级组织一次有关我定下的那条教室规则的讨论——不可以说："你不能玩！"因为这条规则成了我写的一本书的书名，所以这个理念引起了人们一定程度上的特别注意。

参加讨论的三年级学生试着去想象这个规则的意义，一个不去排斥其他同学的概念。有些学生觉得这个方法很激进，甚至有点威胁的意思，直到一个男孩提出了一个新思路。

"你为什么不去告诉每一个人，"他提议道，"那是上帝说的——不可以说：'你不能玩！'这样就不会有人有反对意见了。"我能看到教室里每个人的脸上都露出了赞同的微笑。噢！没错，孩子们一定是感觉到了，这样的方式可能更合乎情理。

六月初，我又遇见了另一个“特迪”的故事。可能只是单纯的运气，或者是命运的安排，我认识了一个名叫明娜的老师。她当时正独自走在沙滩上，一直想不透自己为什么总是忘不掉一个男孩。而且，当她发现我也是一个老师的时候，便忍不住又把那个男孩“放进了我的心里”。我知道那种感觉。

是卡斯把我们连在了一起，因为它让明娜想起了她自己的拉布拉多寻回犬[1]。但当我们发现彼此都是老师的时候，我们的话题又迅速转到了孩子身上。“去年，”明娜告

[1] 寻回犬，一种智商较高的猎犬，善于为猎人寻回猎物。

诉我，“一个男孩像卡车一样进入了我的一年级班。不论是去教室的哪个角落，他都会开着卡车。”她停了下来，等着我的反应。

“我以前的班上也有一个这样的男孩，”我说，“贾森是开着一架直升机。”

我们会心一笑。“蒂米会换挡，会发出发动机的声音，会摆雨刷器。总之，只要卡车会做的，他都会。一整个学年，他始终都是一辆卡车。不管他去哪里：餐厅、体育室、图书馆，他都是一辆卡车。”

“别的孩子是什么反应？”

明娜笑了起来。“当他穿过走廊的时候，孩子们都会坐在卡车后面。没有一个人否定他做一辆卡车的权利。

“那是不是因为你接受他是一辆卡车？”我问道，“要是你的反应是讨厌或不耐烦——或担心呢？”

“我不知道，”明娜回答，“但我的态度一直都是一样的。这一点也不难，有时候如果我牵着他的手，他就会拉着我在走廊上横冲直撞。当我问他：‘你在做什么，蒂米？’他就会说:‘我需要调整一下,我的车出故障了。’然后我说:‘你去把它修好，不然会被开罚单的。你不能这样开车！’这就是我们的沟通方式，虽然不是一直都这样，但大部分时间都是。”

明娜把一根树枝扔到水里，让卡斯去叼回来。卡斯感觉到了明娜对它的信心，便把树枝叼回到她的脚边，而不是给我。明娜又扔了两次树枝，才继续讲她的故事。

“还有一次，蒂米抱怨车在路上直打滑，他是在假装路上有冰。‘我必须去看一下车链！’他大喊。然后我们一定要停下来，等他调整好车链。你知道吗？他的卡车老是出故障，永远都需要修理。”

“我的直升机男孩也是这样，”我告诉明娜，“螺旋桨一直出故障，需要修理。尤其是那些意外故障，最后都会变成是螺旋桨的问题。贾森好像不愿让我们接近他，但就像蒂米对他坏掉的卡车，对直升机的狂热会让贾森愿意把我们组织起来，围着他转。”

明娜指着沙滩远处的一栋房子，那是她和她亲戚过周末的地方，不过她并没有对我提起他们。我们两个人都只想谈谈蒂米。“故障和修理变成了班级的惯例，”明娜继续说，“而且不只是卡车，我们教室的角落里还有一个小小的回收中心。蒂米会到后面乱鼓捣一阵，就像是在生炉子里的火。在乡下这样的地方，要想在车房或店里工作，就要让炉子里的火一直燃着，用来取暖。蒂米永远都在为炉子里的火忙活着，很逼真，这样他就能开车了。”

明娜说她的家在苏必利尔湖旁的一个小镇。“名副其实的乡下，”她说，“那里大部分人的祖先是从芬兰移民过去的，他们都是路德会[1]的教友，都会去教堂。以前那里是农地，但土地越来越贫瘠，已经不能再耕种了。现在大家都在尽力找工作，通常会到别的城镇去。我和我先生都是老师，所以我们比较幸运。在我们那里，老师是非常好的工作。而我们家里许多成员还要靠打猎、捕鱼才能勉强维持生计。”

她一边描述，我一边想象那个我一无所知的小镇。但

[1] 基督新教三大流派之一，以马丁 · 路德的宗教思想为依据。

是只要是有孩子的地方，像特迪和蒂米那样的故事就会发生。道德世界的建立是不是就是依赖于孩子们对蒂米卡车的接受程度呢？“我敢打赌，你的孩子们一定很懂卡车。”我说。

“到处都是卡车，”她笑着说，“而且好像永远都需要修理。我们的蒂米不太可能会成为直升机。但您要是看到他开卡车的样子，一定会惊讶于他有多么熟练。倒车时他会挂倒档；向前时他会连挂三档，直到他的车全速前进。”

“我很好奇，明娜，还有别的孩子变成卡车吗？”

“没有，从来没有。那是蒂米的角色。”她弯下腰捡起一块鹅卵石，仔细看了一下，然后放进口袋。“你的班上还有别的孩子决定当直升机吗？”

“事实上，没有，其他任何一种交通工具都没有。可能每个教室只能存在一种这样类别的‘狂热分子’吧。这种来自深层动机的热情是无法复制的。”

“显然，也无法被抹灭。”她补充道，“有时，其他孩子也不是不会找蒂米的麻烦，但他们都没有破坏他的幻想。

记得有一次，蒂米很生气地跑来找我：‘你看那边的几个家伙！他们把我的轮胎戳破了！我的轮胎都没气了！’于是我问他：‘他们为什么要那样？’他也不知道，但那几个男孩很快就开始大叫他回去：‘我们已经修好了。来吧！我们会把它们都装回去的！’”

我问明娜是否觉得蒂米到二年级时仍然会是“一辆卡车”。她也很想知道。“他在幼儿园时没有这样过。实际上，那一年他并不好过。有人跟我说他爱打架，还弄伤过别的孩子。学校很犹豫是不是该让他正常升入一年级，但最后还是让他来了我的班，好像就是那个时候他才决定当卡车的。对于他和我来说，这似乎是再自然不过的事了。我还从来没有跟别人讨论过这个。蒂米就是要当卡车，仅此而已。”

一种曾经有过的兴奋感在渐渐高涨。“要知道，他必须假装自己是一辆卡车，因为他需要伪装，其他孩子也知道这一点。但如果你是一个破坏者，他们可能就不会那么自在地进入蒂米的故事了。”

明娜又扔了一根树枝，让卡斯去叼，然后偷偷瞄了我一眼——似乎在想：这位在沙滩上侃侃而谈的白发老人究竟是谁？“薇薇安，我有些好奇，除了老师，你还有其他身份吗？”

我觉得她的问题很好笑，但我并没有笑。“你是不习惯其他老师对你讲的故事如此感兴趣吗？”

“老实说，”明娜坦承道，“我不太习惯讲这样的故事。除了特教老师之外，我还没有真正跟任何人说起过蒂米。而且我在跟特教老师说蒂米的时候，也不像是在讲故事，倒更像是在开列一张问题清单，虽然我们当时并不这样觉得。”她一边说，一边四处打量正在追逐一群海鸥的卡斯。“您或许不相信，但我通常是个很害羞的人。可在这片沙滩上，我却和一个陌生人滔滔不绝。噢！对了，你还没有回答我的问题。”

正确答案或许是——除了老师，我们不都有别的身份吗？但现在不是玩文字游戏的时候。两个在沙滩上认识的陌生人一直都是真诚相待的。“碰巧，”我说道，“我还写过几本书，是关于我的教室，关于孩子的故事和他们的……”

她认出了我，脸上闪着光。“我就觉得你说的直升机男孩很耳熟！那是我们暑假推荐阅读书单里的一本，可是……”她有些脸红，“我还没有读呢。”

“没关系，明娜，我的书单里也有十几本没读呢！”

她表示反对：“不，我真的很想读那本书，我来告诉你为什么。别人都说那是一本关于孩子讲故事和表演故事的书。我很好奇，我觉得那些应该是我必须要了解的。要知道，我小时候非常害羞。但如果我是在表演一个角色，我就更容易和别人说话。可问题是，我很少被挑中去表演节目，因为我太害羞了。那是非常痛苦的，我永远也忘不了那种感觉。有趣的是，蒂米带着卡车的闯入，会让我把他看成是以前那个害羞的我。”

我们已经走到了一大片沙滩的尽头。在转头回去再走一遍之前，我们决定到森林边的一个长凳上坐坐。刚一坐下来，我就开始讲特迪的故事，就好像那是世界上最自然的话题。我一直在说，说到了戴蒙和艾伯特，最后又进入哈里的故事。就这样，我和明娜坐在长凳上，望着水天相接、一望无际的蓝色，我所讲的每一个故事，似乎都会和她那个想当卡车的男孩发生联系。

明娜忽然开口道:“真希望你能来我的学校看看。如果我们距离芝加哥再近一点，或许就有可能实现了。”

“还是有可能实现的。我愿意去看看你说的乡下学校，那里的孩子会有很多的户外时间。而我一直接触的都是那些相对拘束和要去参加课外班，甚至是晨辅班的孩子们。”

明娜笑了笑。“恐怕找不到比我们那里更乡村的地方了。那里甚至没有旅馆可以住，但我有一间很舒服的客房，我们很欢迎你来。你真的有兴趣来吗？从这里往北还要再开五个小时的车才能到呢——当然，如果从芝加哥去的话，还要再花上两倍的时间。”

“伦敦还要更远，”我的回答很简单，“更何况我已经到了这里。我很确定想去看看。冥冥中我觉得我应该去。”

“为什么？”

她的问题大胆直接，但我想我还是能回答的，至少能回答一部分。“首先，我想去看看在一群新的孩子身上实践我的讲故事和表演故事会是什么样子。除了幼儿园，我们甚至也可以在一年级、二年级、三年级试试。如果有时间，我还想看看它在跨年级的发展情况。要知道，我的故事讲述者一向都是城里的孩子，所以这次有机会可以让我看看它在乡下学校的实践效果。”

“第二是因为蒂米吗？”

“是的，我承认我也想看看他。”我们咯咯地笑起来，就像两个女学生，然后站起身，开始往回走。“是这样，明娜，我觉得我需要完全融入学校的时间可能不只是一天，或许会是一个星期。我要走进孩子们的生活，作为一个陌生人，在没有预先告知和提前解释的情况下，让孩子们讲故事并且让他们表演出来，这样的要求会很新奇。”

“是的，完全正确。我们学校还没有这样做过。”

“很好，那我们大家就都要观察事情的发展。不只是我，你和别的老师也要观察。还有，他们会想让我出现吗？”

“我确定他们会。我们要和他们说说蒂米吗？”

“不。不要提蒂米和卡车，只有我们两个知道就行了。”

我们静静地走了一会儿，接着我又提起蒂米："或许全都是因为蒂米吧。当你刚和我讲起他的时候，我就很想见他了。这个孩子花了一整年的时间来演一个故事，并以他的方式把你们都带进了故事里。想想看，他是为全班和你提供了一个分镜头剧本的源泉。这意味着什么？整个班级都很认同一个同学想要假装成卡车的事实。这于我来说，就像是认同天堂必须是欢乐的一样。"

"您这么说未免过于言重了，"她有些疑虑，"要知道，没准他不想再当卡车了呢。"

"希望他不会，"我说，"如果是这样，也可能是因为卡车的故事讲完了，他要开始讲另外一个故事。走着瞧吧。"

"你的直升机男孩怎么样了？"明娜问道，"他又做了多久的直升机呢？"

"不知道。他们全家都搬到俄勒冈去了。不过几年后，我的一个朋友去看过他们，他现在已经是十几岁的大孩子了，朋友回来告诉我说，贾森完全不记得自己当过直升机，而且对任何一种机械都不感兴趣。所以，那一年他必须是直升机，之后就变成了别的。真希望我能亲眼看见那样的转变。一次，我和学校里的一个女孩谈起了贾森，她曾在贾森当直升机的日子里是贾森最亲密的支持者，现在已经读六年级了。可她已经不记得谁在当时做了一整年的直升机了，却记得上幼儿园以后的其他许多事，甚至包括在很长一段时间里，在娃娃角玩的贾森一直都当她的宝宝。你看，这些事是很不可思议的，根本没有什么分析的捷径。”

在和我先生描述这场即将到来的冒险时，就连我自己都产生了些许的怀疑。我真的打算开车开上好几百公里去搞清一个七岁大的孩子到底是不是还在当卡车吗？事实上，当那个时刻到来的时候，我是改坐飞机去的。

在飞机上，我在安妮·迪拉德[1]（Annie Dillard）的小说里读到了一段佳句：“在这世上，没有孩子会永远注定平凡。你可以在他们身上看出这一点，他们自己也会知道。但是，时间会找上他们，他们会绞尽脑汁地去学那些大人希望他们学的，然后再拼尽全力试着去超过那些大人。”

[1] 美国作家，普利策奖得主。

“你会经常给孩子们起头衔名吗？”明娜欢快地问，“就像是给书起名那样，把他们当作一本书？”此刻我们正从机场开车出来，我已经问了两次有关卡车男孩的情况了。

这个想法勾起了我的好奇心。“嗯，为什么不呢？如果我们把每个孩子都当成是一本准备去创作的书，那会是怎样呢？学校生活会变得更加戏剧化，不是吗？”

明娜看上去有些担心。“哎呀！恐怕你会发现我们很无趣的。我们这儿没有什么令人兴奋的事，狩猎季节或许可以除外。”说着她指了指沿路贩卖的一袋袋用以引诱猎物的“鹿苹果”，“就连我先生，一个我所知道的最平和的人，也会被卷入这场骚动。我们的冰箱里会有属于我们的那份鹿肉，还有跟鹿肉有关的一切吹牛皮的故事。”

在她位于湖边的木屋里，我们刚一进屋，明娜就开始生火。一场意外的十月大雪突然把秋天变成了冬天，但他们并不会面临缺少木柴的危险。明娜告诉我，与这里的大多数邻居一样，她和她先生继承了一片林地，因此不管冬天多长多冷，他们都会有足够的木柴用。他们把这叫作“树的收成”。

“像这些东西，我们还可以自足，”明娜说，“我们这里没有一个人能付得起自己所需要的全部木柴钱。我先生和他的亲戚们还会用卡车把木柴拉到营地去。”“营地”原是森林深处的一片原始围场，供打猎或捕鱼使用，也是这里的每个家庭历史的一部分。在接下来的一周里，我最好的时光就是和一群习惯住在户外的人一起度过的。

与他们相比，我和我先生就像是钱德勒·华娜[1]（Gertrude Warner）《棚车少年》（*The Boxcar Children*）

[1] 美国作家，曾做过小学教师。

里那几个逃跑的兄妹，他们将林子里一辆没人要的火车车厢改装成他们临时的家。而我们却是地地道道的城里人，这或许就是为什么我写不出松树或苍鹭内心的原因。

尽管如此，我和明娜在教室里还是有很多相同点的，包括我所认识的城市老师也一样。我们都“收获”了选择要当卡车、直升机、公主、超级英雄、小猫、小兔的孩子，他们都很欢迎那些甚至不受他人喜欢的其他孩子。无论是城里或乡下，生活是一个需要伪装才能进入的故事，孩子们对此坚信不疑。

中世纪的拉比们一定惊讶于孩子们竟然可以对如此多的行为表现出宽容，并对他们这种本能的同情所隐含的道德意义感到好奇。几个世纪以后，当瑞士心理学家让·皮亚杰在观察自己游戏中的孩子时，也对这个领域的真理表现出了兴趣。而此时此刻，我和明娜在这里，以一种超越时间的形式，也在深深着迷于挖掘一个把自己假装成卡车的男孩所隐含的更大意义。

“这炉火让人感觉很舒服。”明娜说着放下托盘，盘子上放着饼干和咖啡。她开始描述她的学校，我也渐渐打消了此行的顾虑。学校总共不到一百个学生，从幼儿园直至八年级，每一个学生她都认识。我们学校的学生人数是这里的十倍，除了我自己班上的学生之外，我只认得其中的一小部分。明娜还能说出每个孩子的名字，以及与他们有关的表兄弟姐妹、姑姑阿姨、伯叔舅舅和祖父母，甚至还包括某些人的曾祖父母。

她自己的祖父母是从芬兰移民过来的，大约是在我祖父母从俄罗斯移民过来的十年之后。她的祖父母来到了这片人烟稀少的土地，而我的祖父母则去了拥挤城市里吵吵闹闹的公寓。他们都在辛苦地养家糊口，让全家人保暖过冬，同时也慢慢发现这个新世界并不比旧世界好多少。但我们两家人一定都在努力让人觉得这里更好，因为我和明娜，作为美国移民的第一代，正坐在这里，共同探索如何让教室生活变得更有尊严。

相遇那天，我们两个走在沙滩上，我把“道德世界”的那段经文背给明娜听，看得出来她很感动。“芬兰语里也有一句类似的格言，”她说，“我的祖父不会说英语，他是一位严格的路德教徒。他很喜欢孩子，他也曾说过天使是在借用孩子的嘴说话。如果我们其中哪个孩子表现出无私和善良的举动，他就会这样说，或许他也是不经意的。可当我们调皮捣蛋时，他就会警告我们：天使是不会把我们刚刚的行为讲成故事的。我就会很伤心。因为我想成为值得被天使说起的故事。”

此刻，我又让明娜回想起了那天她在沙滩上说起的有关她祖父和天使讲故事的事。“蒂米和他的卡车会不会符合天使讲故事的标准呢？”我问道，两个人大笑起来。我们都不愿意代替天使做决定。

那天晚上，我躺在床上睡不着，听着海浪拍打岩石的声音，试着想象天使会怎么讲直升机男孩的故事。但我的梦太包容了，哈里和特迪也走了进去，托娃也出现了，还带着一个个孩子和她一起在教室里快乐地跳舞。

第二天早上，在见到其他老师之后，我说出了自己的目标：每个年级两个故事，顺序是幼儿园、一年级、二年级，每天讲完故事后会让孩子们当场表演出来。就连明娜也很怀疑这么“野心勃勃”的计划能不能成功，但我知道整个过程推进得有多快。孩子们一旦看清自己的故事可以被如此简单地讲述和表演出来，就会得到巨大的鼓励，因此整个过程的节奏也会很容易推进。

此外，我还指出，当孩子们一个一个地来找我讲故事时，不必打断教室里的正常活动。这样在课间休息时，我们就可以聚在地毯上表演已经说好的故事。这正是我所期待的，期待见证当自己的故事被其他人表演出来时，讲故事的孩子脸上洋溢的快乐，以及随之而来的参与表演的孩子为自己能够出演其他人的幻想游戏而表达的感激之情。这也正是我不远千里来到这里想要再次亲眼目睹的“效果”。

一走进二年级的教室，我就认出了蒂米。他那双低垂的眼睛里充满焦虑，慌张地寻找乐高盒的样子让我想起了陌生人突然出现在眼前时的直升机男孩。其他孩子对我和我带来的活动都很好奇，只有蒂米有意避开故事桌，好像那是一个陷阱。

随着讲故事过程的推进，我的失望很快就被单纯的快乐所代替。自从离开自己的学校，这还是我第一次可以记录一整班的孩子自发地讲故事，除了蒂米，每个孩子都登记了。我需要分两次才能完成这些故事，这是第一次，剩余的两天完成第二次。期待中的甜蜜感随着每个新故事的诞生而降临，这种令人欣慰的感受，一直伴随着整个讲故事的过程。然而，还有两个问题是我现在，也是我一直都无法回答的：孩子们为什么会如此确定自己一定要给我讲故事呢？他们为什么会对有机会让同学表演自己的故事而如此兴奋？难道这就是在语言和行为上接受他人的积极证据？婴儿回报的一个微笑，学龄儿童回报的一个故事。如果有人对我微笑，或是有人让我表演，那我就是被爱的、安全的。我不是透明的。

可以肯定的一点是：不管故事讲得多么不优美，或是情节多么混乱，孩子们看重的都是彼此的奉献，都很想参与其中。当这些“听众”等待着去触摸和刺探另一个孩子内心的声音时，他们就会发出光芒。在我今晚的日记里，我会认为白天的这些经历是带有社会拯救意义光环的。不过，我的深夜写作通常都会越写越多。

然而，放眼宇宙，这种讲故事和表演故事的行为所代表的意义可要比故事桌上的故事更为广泛和重要。在讲述和重新创作故事的行为当中，孩子们会产生一种向其他孩子慷慨施予的感觉；校园内固有的孤寂和隔离感通常只有凭借孩子的好奇心和自发性才能得以消除。如同我们所知，孩子们并不一直都是善良的。不过，他们一直都在善良的边缘，随时准备和等待打开自己。

“嘿，小子，”戴蒙对艾伯特说，“来！你能做到的，艾伯特，看着我，嘘——！照我说的做。”那个时候，道德世界的建立是依赖于戴蒙的，虽然一周之后，他的妈妈就被请到学校帮忙规范他的行为。但在戴蒙发光的那一个小时里，他给了艾伯特需要的话语和一根可以让他回归集体的救生索。那时那刻，一定是有天使抓住了他的故事，并宣告戴蒙也是一个天使。

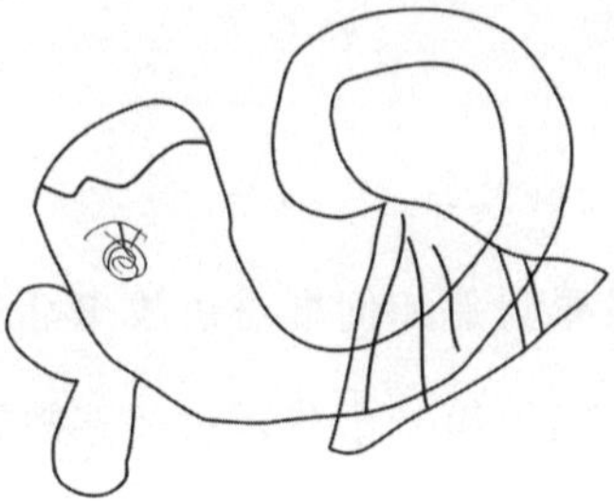

老师们很想看看我是如何推进讲故事活动的进程的，于是我就把每个教室里第一个孩子讲述的故事当作示范，给孩子看，同时也给老师看。孩子们一旦弄清讲故事和演故事的顺序，往往就不再需要更多的鼓励。在蒂米的教室里，艾伦立刻自告奋勇，速度快得让我有些怀疑他之前是不是这样讲过故事，可他跟我说没有。

“有三只小鹿，”他开始了，眼睛盯着远方白雪皑皑的大地，“他们正在吃玉米。”他注意到了我急忙扫过稿纸的手，于是放慢语速来配合我写字的速度。“突然，他们听到脚步声，是一只熊，所以他们逃跑了。可还有另外一只熊，把他们拦住了。”艾伦试探着我的反应，看到我被勾起了好奇，他很满意。“然后他们分头逃跑，发现一条路之后就跑回了家。”

当孩子们都聚集在地毯上准备表演时，艾伦显得很害羞。“我想当熊。”他含糊地说，还发出熊一样的吼声，不过这还不如他后来答应在其他孩子的故事里扮演熊时叫得那样大声。艾伦的故事表演需要四个演员，他们都毫不迟疑地站了出来。可见他们之前一定演过故事书里的故事，但应该不是某个同学自发讲述的故事。不需要准备，也没有台词要记，只要跟着他们那听起来就像是任何一个孩子的平常话的讲述就好。难怪这些围着地毯坐的听众们都很乐意接受任何一种角色。这就像表演本身一样自然，所有人都有同等的机会走到聚光灯下。

蒂米，此时正专心地在教室的另一边玩乐高。他拒绝上钩。我一直往他那看，好奇他是不是在听，还朝他的方向说话。幸运的是，老师并没有察觉到我对蒂米的关注，不然她会感觉必须要把他带到地毯上来才行。那样的话，我就不会知道讲故事本身会对蒂米产生怎样的影响。不论如何，我这个尚不明确的探索行为的命运还不能依赖于一个孩子的反应，即使这个孩子非常理解变成一辆卡车的意义。

其他孩子则会在观看并参与表演艾伦的故事的过程中，发现自己需要知道的一切。如果我在这么短的时间里对他们做出任何其他要求，许多孩子是会抵抗的。因此实际上，总共十六个孩子里有十五个登记要讲故事。只有一个继续我行我素，似乎对这个行动浑然不知。

我们很快就开始了。我是记录者，他们是编剧。我的本子上记满了独角兽、蝴蝶、怪兽、饥饿的豹子、迷路的小猫、公主、大乌鸦、老鹰，还有万圣节时出现的“鬼”和大南瓜。当不再需要自己来写的时候，他们的灵感就像在梦里一样涌动。一屋子的想象就这样被释放了。即使平淡如“我和妈妈去商店”这样的情节也都需要恪守幻想的承诺：假装这是我，假装这是我妈妈，假装这是商店。“假装”将每一个行为都提升到了分析的高度，在那里，一切都不再只是表象。

不管是什么剧情，故事总会被涂上一层“野生户外”的色彩，这远远超过了我过去一直习惯的故事范围，也少有电视里演的情节。事实上，是几乎没有。但孩子们的表演都会有这样的基本主题：一个人很孤独，于是一个朋友来了；一个人遇到麻烦了，于是开始有人帮助他了。“有三只小狗，他们跑出了家，差点被一只豹子吃掉，然后他们又被卷进了龙卷风。然后他们活了下来。”

他们不但活着，而且都很安全。“我和我的狗出去玩‘不给糖就捣蛋’，来到一个很恐怖的鬼屋。然后我们跑回家，妈妈救了我们。”讲故事的人是阿伦，他并没有和妈妈住在一起，但却知道自己想要什么。第二天，在他的第二个故事里，他的狗没有找到回家的路。在表演这个故事时，一个女孩伸出手，充满同情地摸了摸阿伦的手臂。她的反应让我想起了另外一件事：如果特迪在这里，他应该也会在一瞬间知道已经发生的事情所包含的全部意义。

如果蒂米也和我们一起坐在地毯上，他可能也会被触动。就像离乡的杉族人，蒂米已经错过了这个集体故事中的一部分，他自己的那部分也丢失了。我很想知道他在家里的故事，但这里的人是不会对陌生人说这样的事的，不过这也是好事。我发现自从我进门之后，除了老师，他没有和任何人说过话，可这些同学都曾经爬上过他的卡车。卡车的角色给了蒂米一个“破坏加修理”的可靠模式，那么乐高也能为他提供类似的勇气和快乐吗？蒂米是否已经找到了一个自己要去表演的角色？这个角色有没有可能让别人参与进去呢？哈里很少能够忍受别人闯进他的积木区，但在他的故事里，他会把手伸向我们所有人。我们举起双臂，假装是太阳，而哈里却可以和其他小狗在我们当作是舞台的地毯上嬉闹。

我曾答应过自己不要给蒂米压力，可无论如何，我还是拿上笔记本，在休息时间走向了他。我弯下腰说话的口气听上去极其不诚恳，所以得到后来的反馈也是应得的。“蒂米，打扰一下，我知道你没有去登记讲故事。但如果你要讲故事，你会讲一个什么样的故事呢？”

我很想把这些话吞回去，可是已经来不及了。蒂米皱着眉，连头都没有抬。“三只小鸭子，”他的声音很小，我几乎听不到，“一只被杀掉了，其余两只都死了。”

他转过身，手指在小小的乐高塑料胶粒上快速移动。我被拒绝了，这让人很难受。我向他表示感谢，但却并没有记下这个故事。事实上，我想不出来该如何处理一个从孩子那里强迫得来的故事。我是不是应该假装没听到？

安吉正在故事桌旁耐心地等我。我的脸有些热，手也在出汗。“从前有一只独角兽，还有几只蝴蝶。”她开始了，这样平静的画面让我冷静了下来。“他们一整天都在草地上玩。”我的呼吸恢复了正常，开始冲这个长着一头黑色卷发的讲故事的人微笑。“然后有一天，一只怪兽吃掉了独角兽。独角兽踢他，怪兽就跑掉了。我的故事讲完了。”

“她一直在怪兽的肚子里吗？”正在画画的约翰娜抬起头问道，“你必须让她跳出来。”

安吉看了一眼她的朋友，开始考虑她的建议。“是的！独角兽跳出来了。”我按照她的指示在本子上加了这句话。

“然后她跑回家，可没有人在家。”这样一来，她不仅满足了朋友的要求，还在结尾处留下了疑问。

普鲁斯特[1]（Proust）是绝对不会像安吉这样被朋友影响的。他在《追忆似水年华》第三卷《盖尔芒特家那边》（*The Guermantes Way*）中写道：“想法是有时在道路转弯处愿意对孤独的凡人屈尊现身的女神……但一旦有同伴加入，女神就会消失。在有同伴的世界里，还不曾有人看到过女神。”

对于成熟的艺术家来说或许是如此，但对于安吉和约翰娜却不是，对于我多年来知道的那些年幼的讲故事人来说也同样不是。他们的故事依赖于干预，也就是说，依赖于孩子们的善良。当有同伴加入时，孤独感会消失，女神们会站出来并在他们的故事里发挥作用。

安吉准备去接受另一个孩子的建议，这唤醒了我对蒂米报以的期望。看着他窝在角落，我知道他作为一个孤独

[1] 马塞尔·普鲁斯特（Marcel Proust），法国 20 世纪最伟大的小说家之一，意识流文学的先驱与大师，也是 20 世纪世界文学史上最伟大的小说家之一。

的乐高搭建者，这样的局面是不会持续得太久的。一个有足够能力摆脱危险，并把自己反复变成卡车的孩子，也一定能够在对抗美洲狮和逃出怪兽利爪的独角兽之间为自己找到另外一个角色。况且，似乎没有人急着让蒂米变成什么；在这所学校，他有足够的时间来为自己编造一个崭新的故事。

我穿过走廊，来到幼儿园。这些五岁的孩子和小学二年级的孩子们一样，热情地接受了我的建议，让我记下他们的故事。每个故事在开始表演时都会有几个孩子站到地毯上，然后其中几个会被要求来表演各自的角色。哪怕是需要一只小狗，也会有五个小朋友跑上来。

关于他们讲故事的理由，似乎还有一点小小的疑问。他们所创造出来的剧情都是完全与扮演游戏有关的，不论是兄弟姐妹、宠物还是朋友。这些幼儿园的孩子们大多数以前都没上过学，他们现在每天只在学校逗留两个半小时，可他们却能理解在一个故事里，他们可以假装和某个人玩。没有玩伴的角色是很痛苦的，他们会把这种行为视为是一种给予。

卡尔跳到了我身边。他立刻就能明白自己要讲什么。“我喜欢哥哥跟我在外面玩。”说完他站了起来，任务完成了。这个只有一句话的故事将会成为我们的示范。埃文被选中当哥哥,和卡尔隔着地毯对看。然后当双方默契达成的时候，两个人就手拉手，围着圆圈跑起来。

其余十三个孩子围坐在地毯上，可以理解每一句没有被说出来的台词。他们的目光里闪烁着恳求——让我也当你的哥哥吧。然而，我看到的却是特迪的脸。

令我大吃一惊的是，一个小时之后，我竟然在明娜的一年级班上遇到了卡尔的亲哥哥。他叫弗兰克，我们正要表演他的故事：两个朋友要用剑刺向一只喷火的龙。“你弟弟卡尔把你讲到他的故事里了。”

“我弟弟？他是怎么讲的？”其他孩子也都很惊讶，于是我拿出我记故事的本子，给他们看了卡尔的故事。“我喜欢哥哥跟我在外面玩。”我念道，“你要不要也像卡尔一样把这个故事演出来？”

“不啦，”他羞涩地回答，“我演我的故事就好了。”

“没准他说的是他的另外一个哥哥。”有人说。“不会的！”弗兰克大声说，“我是唯一一个和他一起玩的，他都是来找我玩，因为他知道我会说好，因为我一直都说好。”

教室里安静了下来。我们刚刚接收到一个非常重要的讯息，它在孩子们之间创造了一个同类的连接，就像路易斯说他哥哥对他很凶时一样。这两个讲述两种极端兄弟关系的故事以不可思议的方式让一个小集体凝聚了起来。弗兰克很受触动。“是的，好吧，我们可以演卡尔的故事。”这样的场景只持续了一小会儿，但某些情绪已经被释放进空气中，改变了开始表演弗兰克故事的整个小集体。

“我和我的朋友萨姆在森林里看到一条龙，我和它战斗，用我的剑和……”弗兰克打断了我，“我可以把弟弟加进来吗？”他问道，“我，萨姆和卡尔都在，当龙喷火的时候，我们就用盾牌保护自己。”这时又增加了一个演员来扮演卡尔，他进场后，表演继续。

晚上，我躺在床上想起特迪，不知道他有没有兄弟姐妹和他一起玩，保护他，不让他受到龙喷出的火的伤害。这一天的讲故事活动已经结束，我满脑子盘旋的都是各种的“兄弟姐妹”，过去的和现在的。“我们做兄弟吧。”戴蒙使劲儿地劝艾伯特。哈里的故事开头总是“小狗在篱笆下挖洞，他要去找他的兄弟”。在森林里迷路后寻找陌生姐姐的小女孩的数量更是数不过来。一再重演家庭故事的需要既本能又强烈，无论是现实中的还是想象中的。普鲁斯特一直重复着妈妈上楼亲他道晚安的场景。卡尔在接下来的两个故事里又回到了和哥哥一起玩的主题。有关卡尔，我们还要知道一个重要的事实：他是一个可以和哥哥弗兰克一起玩的孩子。

“弗兰克把我加进了他的故事里，”卡尔第二天对我说道，“故事里有一条龙。他跟妈妈说了。”对于一个家庭来说，消息是可以传得很快的。我几乎可以看见他们的妈妈知道儿子们在学校的一个新活动里有了接触之后，该有多么开心。现在，卡尔继续讲他的故事，就像从来没有别的故事插进来过一样。“然后我和弗兰克一起跟狗玩。”他一边说，一边递给我纸和笔。

讲故事的人似乎是在传递彼此的好意，两兄弟互相讲着有关对方的故事，他们的妈妈露出自豪的微笑。这两个班的孩子们也同样感受到了好意，因为他们看到了手足情深，也感觉到了家庭进入学校生活的可能性。

这里还有一个应该被“交付”的好意：我很想让蒂米也听听这学校两兄弟的故事。我是不是逾越了某个看不见的边界？怎么会这样呢？我只是将孩子们自己的话带给新听众而已。如果非要有一种不自然的分割点存在的话，那也是存在于家庭和学校之间，而不是孩子们之间的。

“我要给你们讲一个故事，”我对二年级的学生们说，“事实上，是三个。其中两个是关于幼儿园的卡尔的，最后一个是关于他哥哥弗兰克的，他在读一年级。”

孩子们纷纷冲着西蒙笑。“他是我堂弟。”西蒙说。蒂米从乐高堆上抬起头，嘴角微微地向上翘起一个弧度。该不会是我出现幻觉了吧？

孩子们专心地听着，两兄弟的故事似乎变成了我一个人的讲述。蒂米紧紧地盯着我，这还是第一次。他站起来，抓了一把乐高，走向故事桌。

今天的活动是在休息时间进行的，我的故事桌旁挤满了形形色色的艺术家和旁观者。每当有人讲故事时，周围就一定会有嘟嘟囔囔的低语声传来：重复一个短语、提出各种意见、表示完全赞同。与普鲁斯特这个孤单的思考者不同，孩子们的思想总是在同伴的陪伴下才能放飞翅膀。当一个人年龄还小时，他们被发现的渴望总是要大于独处的欲望。在这个过程中，我发现孩子们接受了我；讲故事互动已经进行了一天半，我也不再是陌生人了。

“从前有一只独角兽。”霍莉正讲着，对面桌上的一张蜡笔画里立刻出现了一只角。“她没有朋友。”霍莉一边继续讲，一边用铅笔在画纸的边上画自己的独角兽，身子轻轻地靠着我的手，我则在记录她的故事。我们彼此微笑了一下。“然后她找到一只小鹿，跟她一起玩。”

霍莉和多伊尔交换了一下座位，因为下一个是多伊尔的故事。“我的小鹿可能会被吃掉。”他对霍莉说。霍莉耸耸肩，从盒子里找出一支蜡笔。“从前有一只小鹿，”多伊尔开始了，“树上有一只豹子。小鹿走到树底下时，豹子飞快地扑下来把小鹿吃掉了。”

霍莉在她的画里加了一朵花，她应该知道多伊尔的小鹿和自己的小鹿命运有多么不同。这个故事对于霍莉，是否就像蒂米的卡车对于我一样产生了影响呢？不过我可以肯定，她很喜欢埃迪讲的下一个故事。“那边来了一只小鹿，在池塘边喝水，然后他躺在了草地上。然后别的小鹿也来了，因为豹子走了。”这两个讲故事的孩子像是在跳舞，一会儿向对方走近一点，一会儿又走开，然后再回来。

妮科尔一直在观察微妙的剧情发展。“我的故事和霍莉的很像，”她承诺道，“有一只孤独的兔子，有人来跟她玩。他们玩得很高兴，尤其是小兔子，因为她很孤单，然后……”

“是谁在跟她玩？”蒂米突然打断道，挤到妮科尔旁边。“一只小鹿，”妮科尔解释，“我说过我的故事和霍莉的很像。”

蒂米瞥了一眼放在他身旁的图画，然后开始画自己的画。他画得和哈里一样快，画纸上很快就出现了一艘船，在浪涛汹涌的海上半浮半沉。哈里的船永远不会沉，但这两个孩子都像是一位艺术家，在纸上挥动画笔，刚一完成框架素描，就一点点涂上颜色。

接下来是安东尼讲自己的第二个故事。昨天他把自己变成了一艘矿砂船的船长，撞上一座冰山，并勇敢地和船一起沉了下去，“矿砂也掉进了大海。”这时我才发现我一直写的都是“划桨船”[1]，没有意识到安东尼的世界里只有载着铁矿砂的船。“是我弄错了，安东尼。”我一边说一边把字擦掉，“我想之前也从来没有人跟我讲过矿砂船的故事呢。”他礼貌性地冲着我笑了一下，但他心里一定很好奇，一个大人竟然连这点知识都不知道。

不管怎样，今天安东尼的故事里包含了更多需要解释的东西，也提供了一个更快乐的结局。“矿砂船在阿拉斯加装了一些矿砂，正要调头往回开时，船长发现了一个白色的东西。那是冰山。可就在船快要撞上冰山时，他及时调转了船头。然后他又很意外地发现了一艘沉没的宝藏船。”

安东尼一边讲故事，一边不慌不忙地画画。先是一艘矿砂船，然后是参差不齐的冰山，最后是船长指着前方大叫，嘴巴张得圆圆的。虽然这时活动时间已经到了，但我没有

[1]“矿砂船”的英文为“ore boat”，“划桨船”的英文为“oar boat”，两个单词发音相近。

催他。蒂米正隔着桌子看着我们两个。

“我的故事呢？”安东尼站起来后，蒂米问我，“我昨天讲的那个。”

“我没有记下来，蒂米。我还以为你不想让我记下来呢。”

“不，我想让你记下来。”蒂米于是又讲了一遍故事，他讲一个字，我写一个字。“这是一个关于鸭子的故事，一只被杀掉了，其他的都死了。”故事桌旁的人对这个故事似乎一点也不惊讶。不一会儿，当我们表演的时候，蒂米和另外两只表情严肃的“鸭子”一边呱呱地叫着，一边拍拍翅膀，死掉了。

“真是个好故事。”安东尼说。围在地毯边上的很多人也都点点头，显然是刚看完一出生动的表演。在这个集体里，即使是不好的故事，也会得到大家的尊敬。

从学校出来后，我沿着沙滩散步，用衣服把自己裹得紧紧的，以抵挡寒风。我开始有些怀疑自己为“好”故事赋予的价值。蒂米的“鸭子”和卡尔的“哥哥”之所以同样受到欢迎，或许是因为鸭子的故事表现出了一种情绪上的强烈对比。在任何一个特定时刻，当大家都在讲故事时，总会有人把事实和幻想、欢乐和悲伤以及最普通的仪式和最意想不到的结局混在一起。这种累积之后的影响一定是巨大的，每个孩子都在对各种无言的信息作出自己的判断。

这些自发的故事家们为彼此创造了一个小小的家。在这里，每个人都可以想象着去扮演一个角色，没有人会被遗忘。每个故事都是所有故事的一部分，没有了彼此，这些故事就不完整。或许，孩子们渴望去表演别人的故事就是因为这么做会填补空缺。只有在感觉到别人的痛苦时，行善才有意义。三只已经死掉的鸭子为找到玩伴的独角兽和在安静的草原上安心打盹的小鹿铺平了道路。

接下来的两天里，我依然在各个教室之间穿梭，还在行程里加入了特教教室。当这些故事提供给了我们内容和连续性时，由年龄、技巧和经验带来的各种界限感便消失了。我的脑子里飞快闪过了哈西德讲故事的人的形象，他们走过一个个村庄，用故事的形式向人们讲述着圣人的善行。但我的工作只是把发生在某个单一孩子身上的情境，转换到一个供所有孩子观看的临时舞台上。在我离开之前，每个孩子都至少讲了两个故事，而班上所有人都亲眼看过并表演过他们的故事。

这不是一次普通的活动，在这个学校里，我可以感觉到某件不寻常的事情正在发生。其他年级的老师们也开始驻足停留，其中几个还会跑来告诉我他们的心得，时常也会有人向我吐露他们自己的故事。一个利用空闲时间到学校来帮忙代管一年级的高中女孩私底下告诉我："如果我小时候这样讲过故事，我在学校时就不会那么害羞了，那时我在班上会经常为开口说话而烦恼。"后来我在走廊上遇到她，她笑着对我说："你知道吗？我问明娜，每次我来这时可不可以也记下这些故事，她说可以。你知道吗？她是我的堂姐。"

我并不知道，但也并不惊讶。自从那天在沙滩上遇见明娜，说起那个愿意当卡车的男孩，我就感觉到我们之间的连接线正从四面八方伸向我们，将我们联系在一起。

我的脑子里已经为几个孩子起好了头衔名，但我没有告诉明娜。我们彼此并不交流各自对学生的理解，只是让孩子们用他们的故事和交谈来呈现自己。因为所有的故事都是他们讲给我听的，所以我通常不知道这些孩子的读写技巧。只有当他们自己愿意把这样的个人信息告诉给我的时候，我才会知道。

查尔斯很快就成了“想当警察的男孩”。他的第一个故事是关于他自己和一个名叫安德森的警察的。“安德森先生让我穿上了他的全套制服，并且告诉我坏人在哪里。他每天都带我去抓坏人。”第二天，查尔斯又在故事里说自己就是安德森先生，有三个孩子。“我的小孩想要玩我的东西，于是我就给了他们塑料做的警察用具。他们想要警察用的所有东西，我都会给他们。”

今天，我刚一出现，查尔斯就跑到故事桌旁。我看到名单上的第一个名字就是他。他捋了捋头发，坐得笔直，然后伸出双手，像是在握一个方向盘，大声说：“我是巡逻警察，我看到有人车开得太快。所以我打开巡逻灯，把他带到警察局。”查尔斯并不确定自己是不是要把故事说长一点，我告诉他现在这样正好可以用来表演。是的，孩子们都喜欢表演一个简单的场景。他们很少会去呈现复杂的事件，而是更喜欢一次考虑一两个想法，然后再在随后的故事里转变自己的视角。

霍莉是“想当独角兽的女孩”。在她最初的故事里，独角兽是孤独的，直到有一只小鹿出现。在下一个故事里，角色出现了对换，这回小鹿没有了朋友。而在今天的故事里，独角兽死了，“每个人都很伤心，直到一只新的独角兽来了。”霍莉既要演旧的独角兽，也要演新的独角兽；那是她的角色，不管她如何定义它。

我在蒂米的班上朗读了查尔斯和霍莉的故事，目的只是想表明一种看法：有些孩子很喜欢一遍又一遍地重复扮演同一个角色。二年级的学生们表示同意，他们认为的确是如此。当我在故事桌旁坐下时，竟发现名单上还是没有蒂米的名字。可他就坐在桌子旁，旁边放着六块乐高胶粒、一张纸和几支蜡笔，正在做一件在我看来很不寻常的事。他用乐高搭了一个建筑，然后照着画下来，然后再拆掉，然后再搭，然后每次都会依样画葫芦地把它画下来。

安东尼是“想当矿砂船长的男孩”，他正确解读了蒂米的鸭子图画。“你是要把他们射下来吗？”他问道。蒂米并没有回答，而是把那张画着飞鸭的画纸在桌子上移来移去。

故事在不断地累积，我也在偷偷地给这些讲故事的孩子们起头衔名。弗兰克是杀掉龙的男孩，海伦是从美洲狮手中救出小猫的女孩。姬莉必须永远都是一只梅花鹿，她故事的结局令人不安：“然后猎人来了。”然后就再没有进一步的解释，也没有人要她解释；孩子们都可以理解，因为野外生活本来就充满危险。

还有哪些他们所理解的事是我还不知道的呢？要是能够一直跟他们在一起，去发现故事中更多的含义，那该有多好。不过只要他们能够天天在一起共同发现故事背后的意义，这样也就够了。“为什么有些孩子总是在自己的故事里扮演同一个角色？”当弗兰克讲完他的第三个龙故事之后，我问他。“它就在他们的脑子里。”他说。“这样好吗？”我追问道。“好呀，因为这样你就知道那个人是谁了。”

这一天，蒂米没有给我讲过一个故事。但他拿着他的画走上了地毯，或许是在想象他的乐高鸭子走上了舞台。它们会被射下来吗？还是会毫发无伤地飞走？蒂米是猎人还是猎物？他为什么就不能简简单单地给我讲一个故事，好减轻我的焦虑呢？这最后一个问题让我不由自主地笑了；至少我还愿意承认自己是一位“必须要发现蒂米是谁的老师”，不管这样做是否有意义。

可就在我想要离开教室的时候，蒂米出乎我意料地把他的画递给了我。“他是喜欢我的。”我告诉自己，这个想法促使我产生了更多想法。“是的，虽然他没有给我讲故事，但是他喜欢我。”真的是这样吗？如果你给我讲你的故事，你就是喜欢我吗？

我在一年级的班上展示蒂米的画。“我忘了问蒂米这是不是一个故事了。”我说。“喜欢突袭的男孩”奥尔顿肯定这就是一个故事。“一只美洲狮正要突袭他们，然后他们就飞走了。”他自信地说。

查尔斯摇了摇头。“不对，你看，那里还有一个猎人。”

我一直没发现画纸右下角的角落里竟还有一个小人儿。“但是这个人一定会被开罚单的，因为还不是捕鸭的季节。”

“不，是美洲狮在那里，在树上。你看不到他。”奥尔顿的故事都是关于美洲狮互相突袭的。在学校时，他就经常四处摆出一副蜷伏的架势，随时准备突袭。我曾听到过两次有人向他发出警告：“奥尔顿，树上有一只狮子，正在看着你。”每到这时奥尔顿就会眯起眼睛，偷偷地接近敌人。

第二天是我在这个学校的最后一天。早上，蒂米又在画鸭子，然后再在这些鸭子身上画上云朵。“他们飞到云里了。”他对坐在旁边的安东尼说道。安东尼正在画另一艘驶向远方冰山的矿砂船。

“我把你的画拿给一年级的学生们看了，蒂米，”我说，“奥尔顿觉得是一只美洲狮向鸭子们猛扑过去，鸭子才飞走了。但查尔斯说是有一个猎人正在向他们射击，因为不是捕鸭季，所以警察会给他开一张罚单。”

蒂米睁大眼睛，紧紧地盯着我，然后大笑起来。他一直在笑，那笑声很大，像是要把身边的人都点燃。那个快乐得手舞足蹈的托娃似乎又出现在了我面前。此时将他们联系在一起有些牵强，我只是脑子里闪了一下托娃的样子，并且有点好奇；但这种联系却很模糊。至少在我看来是很模糊的。

“你在的时候蒂米有没有当过卡车？”明娜在开车前往机场的路上问我。之前在她家时，我们两个一直都没有谈过这个话题。

“没有，从来没有。他是个乐高建筑师，画下沉的船，画鸭子，就像我带到你班上给学生们看的那些画。这实在是很复杂，所以我没给蒂米起什么头衔，一个都没有。”

“那我觉得，他现在看起来更像是个普通孩子了。”

“也不是，”我回答，“或许是其他孩子看起来不那么普通了。从某种程度上来说，这是一个令人清醒的问题。因为我只能通过孩子们的故事来了解他们，所以他们的行为之间已经开始出现彼此千差万别的现象，就像蒂米和别人不同一样。”

我还想再谈谈蒂米的事，但我实在没有什么可以和明娜讲的，连半真半假的都没有。如果我能知道蒂米为什么会大笑，我或许就能将之前所有的想法串联在一起。如果我知道托娃为什么跳舞，知道埃德蒙为什么一定要特迪表演他的故事，我或许就能理解这一切到底是如何与道德世界发生联系的。如果我知道哈里为什么要跑到走廊上把饼干交给马丁，知道戴蒙为什么要停下来和艾伯特说安慰的话；如果我知道这所有的事，那我是不是就能为没有头衔的蒂米取名了呢？

话说回来，如果我找到了这些问题的答案，那么故事也就结束了。现在还不是我关上教室大门的时候。

几周之后，我在曼哈顿的一所女子学校里，再次邀请孩子们表演彼此的故事。我只能在那里逗留一天，这让我很难过。我怕我会因为没能听到所有孩子的故事而感到遗憾，但我告诉自己，与特迪和托娃的相处也只是短短的一点时间，而他们却已经变成了我生命的一部分。

我从明娜学校带回来的几个故事完全可以被用来当示范。“讲这些故事的孩子们住在乡村，周围环绕着茂密的森林，”我说，“我会写信给他们的，作为回报，我还会把你们的故事讲给他们。”

当霍莉的独角兽和奥尔顿蜷伏的美洲狮正为新剧表演做准备的时候，孩子们狂热地想要自己编造一个小故事，只为了上台去表演。一个要当卢克·天行者[1]（Luke Skywalker）的女孩和一个要当公主的女孩最先开始；接着是迷路的小猫和与不速之客一起过生日的小狗；远远地又出现了一群强盗，坏人们则消失在了电梯里。这些来自纽约城的故事里没有猎人，没有矿砂船，没有小鹿，却有许多迷路之后又被找到的角色，以及木乃伊、芭蕾舞者和大厦看门人。

一个幼儿园的女孩会说：“我的小妹妹让我跟她玩。”一个二年级的孩子会说：“从前有一个女孩，她在森林里迷

[1]《星球大战》系列电影的重要角色之一。

路了，找到了一个没有爸爸和妈妈的小弟弟。”随着故事的累积，一种永恒感战胜了每一次与某个人相遇的短暂感：我之前就来过这里，总能发现一个接一个的故事，但故事里的每一个字对我来说又似乎都是崭新的。

当然，我没有时间像在明娜学校里那样在各个班级之间交换故事。但讲过第一轮故事之后，我已经有了几个可以用到下个年级的故事。“我认识她！”一个二年级的孩子在听了幼儿园的故事之后大声说，“她是我妹妹的朋友。”一如往常，一旦这样的联系被建立，便会引起其他孩子的高度兴趣。离开家之后，我们是多么渴望能够清晰地看到这种联系。我们不能忍受一种隔离感，如果我们不能把自己的兄弟姐妹带入这种联系，也总会有人被带进来。

罗丝讲了一个特别温馨的故事，她和妹妹被允许在爸爸妈妈的大床上看电视。可之后萨拉的反应却很强烈，就像路易斯在面对太多“好”故事之后的反应。“我做了一个可怕的噩梦，是我所有的梦里最恐怖的。”她对我们说道，还提醒我不要把这个故事记下来。“有两个长着长长的胡子的坏人，在晚上偷走了我的妈妈，他们把她放进袋子里，把她丢进了焚化炉。我想按电话上的‘911’，可我就是看不清数字。”

我们紧紧地盯着萨拉，玛格丽特一直在等待，不知道该不该开始讲自己的故事。萨拉的噩梦似乎占据了故事桌旁每个孩子的心。这让我想起几年前哈里说的那个恐怖的梦，他的妈妈不也是被长了胡子的人拖到车上带走的吗？

我冲玛格丽特点点头。“我在我的床上。”她小声地开始了。大家的注意力很快就被她吸引了过去。“我在做梦。我梦到一个花园，花园里有鸟、有花。那里一切都很宁静，祥和。我喜欢在那里。当我孤单的时候，我的朋友就会在晚上和我一起去那里。”

玛格丽特还没有讲完，但她一边继续讲，一边直直地看向萨拉。“我梦到的那个地方有你想要的一切，就是没有噩梦。噩梦在那个特别的地方是不好的东西，因为那里有朋友，没有暴力。”

孩子们笑了起来。过了一会儿，我也笑了，因为我想起了哈里班上的一个女孩，她当时也给我们讲了一个这样的梦，想要抵消哈里的噩梦。此刻又是如此，孩子们拥有一种不可思议的能力去为彼此创造充满希望的时刻，去以公开或隐秘的方式说明某个地方有一个有鸟有花的花园，那里很祥和、安静，没有噩梦。当我们感到孤独的时候，朋友就会到来。

然而，我又突然发现了另外一件事。其实更能让孩子感到激动和开心的并不是故事内容本身，而是他们意识到自己可以去编故事，并想象自己进入了别人的故事里。这种被一再重复的创作行为，会为每一天里当好故事看起来像是全部丢失的时候，提供让其发生的奇妙可能。只要哈里知道太阳高照、小狗玩耍，我们就不必失望。接下来的一天我们会是安全的。

在伦敦的一所幼儿园里，两腮红红的卡罗琳正坐在我旁边。她一边看着纸上的一连串单词，一边读道：“有一天，一个小女孩和一个小男孩到一个大森林里去，可他们不知道会有好事还是坏事发生。他们是哥哥和妹妹。”说着她的手指划过“妹妹”这个词。“所以没有坏事发生，但是他们不知道。”

她好奇地睁着大眼睛，这让我想起了特迪，或许是因为我又来到了伦敦，再加上我一直都在想他。自从上次见到特迪颤抖着奔向一群陌生的孩子，到现在已经将近两年。他一定像卡罗琳一样，也不知道将来会发生好事还是坏事。

对于他来说，这个答案其实存在于孩子们的想象当中，他们会不求回报地创造各种角色，完全不去考虑诸如坐轮椅、戴头盔这样的表面差异。

现在，卡罗琳必须要决定她自己一手创造的角色的命运。她会把他们带向安全之地，还是允许他们受苦？我的铅笔停在了半空中，但卡罗琳一直没有说话。等了一会儿，我问她：“要不要我把故事念一遍给你听？看看是不是还要再加点什么？”

我重新念了一遍故事，念到最后一句话时特意把语速慢下来。“所以没有坏事发生，但是他们不知道。”卡罗琳摇了摇头，故事结束了。不过，她并没有离开故事桌，她还想听听别人的故事。通过这样的暗中观察和公开扮演，她将会从别人那里学到什么呢？

“小猫闻闻花，小狗嗅嗅叶子，可他们都没有去闻自己的主人。然后主人来了。”

“一只蝙蝠想要自己飞到月球上去，没有人愿意帮他，于是他找到一艘宇宙飞船。”

“一颗蛋裂开了，一只小恐龙东看看，西看看，却没看到妈妈。然后他的爸爸来了。”

“有一只老虎，没有人喜欢他。然后他看到一只青蛙正很友善地看着自己。”

卡罗琳和她的同学们有着与明娜学校的孩子们截然不同的家庭背景。他们的家庭很可能会因为公司或政府的需要每几年就要搬到一个新的地方。可明娜和她的邻居们却是三代人都只住在同一个地方。但两个世界里的孩子都是在探索与错位和孤独有关的问题，都在努力发现森林到底是好的还是坏的。

接下来轮到乔丹讲故事。“没有人和小青蛙玩。他们都不喜欢他，他的脚不够长，跳得也不够远。”

我不自主地瞥了一眼乔丹的脚，无法判断他是不是可以“跳得远”。当然，孩子们是非常擅于运用比喻的，但直觉告诉我乔丹一定了解青蛙的困境。

卡罗琳对乔丹的故事很感兴趣，她把手指放在“青蛙”两个字上，嘴里念着“青——蛙——”，然后转过头对我说：

“我的故事还没讲完呢。”一边说一边等我从面前的一摞纸中抽出她的故事。

“我给我的小猫喂了金枪鱼，”她开始了，“他的名字是格斯，我喂他的时候，我三岁，在我以前的家里。当我从凳子上下来时，格斯就扒着我的腿站着，在我的腿上蹭呀蹭的，因为那时候我们很高兴。”

“这个故事和森林里的那对兄妹有关系吗？”我问。

她对我的问题感到很惊讶。“格斯就在森林里啊。”她小声地回答。

我们冲卡罗琳笑了笑，想象着一只温暖小猫的感觉。即使是最小的孩子也都明白格斯为什么一定要在卡罗琳的森林里。其他东西也都在那里，有的在阴影里，有些在阳光下。这就是我们为什么一直在讲我们的故事，因为这样我们才会必然抵达森林里美好的地方。

离开伦敦之前，我给贾尼丝·埃利奥特打了个电话。就是在她的教室里，我曾经被一个坐在轮椅上的男孩和其他孩子的天使心给迷住了。贾尼丝告诉我她正在休假，电话那头咿咿呀呀的是她三个月大的孩子亚当。

“你知道吗？自从你离开之后，发生了很多事情。不过，虽然特迪大约六个星期才会来一次，我还是记得他的。因为他爸爸工作的原因，他们全家都搬走了。”

她把亚当放回到摇篮里之后，返回来说：“你很喜欢特迪是吗？”

“不只是特迪，你的孩子们我都很喜欢。当特迪看到其他孩子的故事被表演出来时，当孩子们坚持让特迪演一只还不会走路的小狗时，我都在场，而且还是第一次去你的教室。”

贾尼丝似乎非常高兴能有机会谈到特迪。“要知道，那的确很不可思议。他的老师们也都这样觉得。无论他什么时候来，他的脑子里总会有这些故事。而且，他的参与也增强了这个活动的重要性。‘特迪今天会来吗？’孩子们总会问。如果他来，就会有几个孩子在故事里加上一辆小红车。特迪一行人一到，他们就会提醒司机把特迪的车子带过来。他们所能想到的就是，只要特迪有车子，他就什么角色都能演。薇薇安，还有件事你会很惊讶。在特迪搬家以前，他为我们带来了一个他自己的故事。”

这个消息的确让我震惊。“但是，怎么……”

“显然，他是把故事讲给了他姐姐。你一定想看看他是怎么做到的，很艰难，一个字、一个字地说出来的！”

“真是难以想象。他的姐姐一定很懂他的每一个动作和声音。”我想象着特迪挥舞手臂、晃动全身，竭尽全力地讲故事。“你记得那个故事吗？”

“每个字都记得。其实只有一句话：‘罗宾和蝙蝠侠坐在蝙蝠车上追一个坏人。’他是罗宾。”

“特迪是罗宾？”我的眼前立刻出现了一个场景，特迪正戴着面具，披着斗篷，和蝙蝠侠并肩从空中飞过。

“还有，”贾尼丝补充道，“孩子们一点都不惊讶，就像是他们早就知道他的真实身份了。”

孩子们和特迪已经履行了“禁令”：它不在天堂。特迪的假装被接受了，甚至包括他的绝望。而特迪，作为回报，他把自己的梦变成了故事。

“那也改变不了什么，小子，”在费朗博教士的高中英语课堂上，斯坦利坚称，“你转眼就会发脾气的。”但是托娃给我们讲了她的故事，还跳起了舞，我们大家那时都是那么高兴。

几个月的时间过去了。特迪的故事跟着我一路走，已经占满了我的好几个笔记本。一次，我带着这些笔记本去看一个老朋友，想要读几段给她听。可她孙女的脑子里率先冒出了她自己的故事，于是特迪的故事只好被搁置。

黄昏时分，我和八岁的卡丽坐在门廊的秋千上，这真是一个分享秘密的好地点和好时间。她使劲推了一把秋千，然后用一种正在泄密的语气给我出了一个谜语。“什么东西是你每天都要找，有时你觉得找到了，但是第二天又要再找一次？给你一个提示，和学校有关。”

她的谜语并不好玩。可她过去一直跟我说她不喜欢三年级。“让我想想。是不是数学题？你必须要做出一个答案，然后第二天还要再做一次？”

卡丽一脸怀疑地看着我。“好吧，再给你一个提示。有点像我祖母给我看的那本书。就是你写的那本，不可以跟别人说他不能跟你玩？”

“有人这样对你吗，卡丽？”

“我来告诉你谜底吧，”她说，“每天你都要找一个喜欢你的人，有时你会觉得你找到了一个朋友，可第二天你必须又要再找一次。”

我用一只胳膊搂住卡丽，她还没有说完。可有些话一旦出口，就无法再以谜语的形式加以伪装。秋千舒缓的动作和被黑暗包围的门廊给了她勇气。

“他们都讨厌我。”她轻描淡写地说。四十年的教学经验并没有减轻这句话对我的震撼力。“他们告诉我原因了。我们甚至还为这个开过会。老师说他们很坏，可无论如何，他们还是会和老师吵架。”

卡丽的语速有些快。她的故事一定要在话匣子关上以前全部被倒出来。“这就是他们讨厌我的原因：我说话的样子，我傻傻的大笑声，我从来听不懂笑话，所以总是一副呆呆的样子。他们受不了这些。他们就是这么说的。还有，我会大哭。”

“你的老师不应该允许他们这样做，卡丽。”

“她告诉他们这样做是不对的，可他们还是一直在发表自己的观点。”

“不，卡丽，亲爱的，相信我，那不是观点。当一个人不假思索地去模仿别人时，那就不是观点。他们说的都是不对的。你一点错都没有。”

“妈妈也这么说。”

“我敢说，有些孩子听到他们的话后也感觉很不好，可他们不知道该怎么阻止。你的老师也不知道。”

特迪的故事并不能消除卡丽所受的痛苦。现在，虽然是在一个宜人的郊区门廊上，但却并不是一个讲好故事的时候。卡丽的经历值得做一次完整的表演，不该有任何的掩饰。

“我的爸爸妈妈要去跟老师谈谈。”她看起来很担心。这对于一个家庭来说是很艰难的时刻。家长们会想：为什么是我们要去保护孩子不受同学的欺负？这不是老师的工作吗？但是他们必须要小心处理，以免让老师感觉到他们在责怪她，即使他们就是在责怪她。

“很高兴你的爸爸妈妈会去学校，卡丽。每个人都需要参与进来，这是一件很严重的事情。”

卡丽盯着我的脸，就像我刚刚说的是一个谜语。“什么是严重的事？”她问道。

“我之所以觉得很严重，是因为这些普通的孩子都已经是三年级的学生了，却依然觉得自己有权利合伙欺负一个同学，就像他们欺负你那样。而大人们却不知道该怎么办。这才是整件事情中是最严重的。”

一个星期之后，我在纽约一所小学的图书馆里被一群五年级的学生团团围住。似乎就是在突然之间，他们非常巧合地和我说起了卡丽提到的那本书——《孩子国的新约——不可以说：“你不能玩！”》。这让我冷静地意识到，这本我写于十年前的一部有关“排斥”问题的书，并不能帮助我解答卡丽的谜语。

莫瑞恩先生是这所学校的校长，他要求学生们都读读这本书，并让他们准备在我来学校做教师培训时和我一起讨论。他站在教室前面，举着这本薄薄的书。“佩利老师的这本书是写给大人看的，”他说，“不过，我觉得你们就是我们学校的大人，而且我们也没有真正谈过太多这样的事情。你们当中有人告诉我说他很喜欢书名，但你们到底都喜欢它什么呢？我总听见你们用不同的方式对别人说他们不能玩。那么现在，到底有谁是正在这样对待别人的？为什么？”

他拿起水壶喝了一小口水，然后放低声音说：“事实上，每个年级都有一些学生会被其他学生排斥，这种现象在学校里默默发生着。你们的老师和我都没有采取什么行动，或许是我们不够努力，这也是我最近一直在思考的事。来，让我们开始吧，谁先说说？”

珍妮准备好了，她并没有被校长的话和我的存在吓到。

“这本书很好，”她礼貌地说，“但我觉得你制定的规则有点模糊。我是说，比如你不是真的在玩，只是在做其他事，比如正在和谁私下里聊天，那该怎么办呢？你会让别人，任何人，我是说那些没有被邀请的人，都加入到你们的聊天中吗？这样做是不是太没有礼貌了？”

“没错，能和你聊天的可能就是那几个人而已，对吧？”理查德一边说，一边咧嘴笑了笑，“是的，聊天也是玩，难道不是吗？那个没有礼貌硬要加入的人肯定会被你杀掉的。这就是你聊天的规则，对不对？”

说完他看向我，等着我继续做说明。莫瑞恩校长大笑着说:“理查德向来一针见血，是吧？同学们？‘把人杀掉’，这真是太形象了。”

“难道是说要把人杀死吗？”我问道。

“是的，好吧，我也不喜欢这么说，”理查德继续说，“因为这样我也和那些人一样有罪了。可如果把一个人排斥在外，不就是有点像在慢慢杀掉他吗？”

卡丽很了解这种感觉，从这些五年级学生的表情看来，他们也很了解。理查德说得很好，可他们的表情还暴露出了另外一个问题，那就是他们绝不会因为一个“不可以说：‘你不能玩！’”这样的警告标志而放弃把人“杀”掉的习惯的。那么被排斥的人呢？他们会冲进校门要求他们的权利吗？

恐怕仅凭一个特迪的故事，还不足以让这两类学生改变心意。那么这几个月来我究竟在幻想些什么呢？

珍妮还有一个问题：“你在书里说这个规则会在幼儿园里发挥作用，但四五年级的学生并不觉得会适用于他们。他们改变主意了吗？”

我坦承说我不知道，孩子们听到后非常惊讶。埃米皱着眉问：“为什么会这样？”就像我隐藏了些什么事似的。我为什么会不知道？这本书不是我写的吗？我感觉脸一下子红了。

“或许，我应该知道。但我一直没有亲眼见过这个规则在高年级学生身上是怎样发挥作用的。写信给我的老师和家长们绝大多数只是描述了他们的孩子遭到了排斥。其他表示这个规则在自己教室里发挥作用的人也没有说太多的细节。我其实也很想知道这个规则没有发挥作用时是怎样的。”

我已经为这个主题做好了铺垫。“是的，我意识到事情并不总是它本应该的样子。有一个名叫卡丽的三年级女孩，她的学校也像你们这里一样在讨论这个规则，她告诉我说她的同学们讨厌她，他们还会在班会上列出讨厌她的理由。”

孩子们非常吃惊。或许这个故事对于他们来说太熟悉了。我们真的能允许学生们说这样的话吗？“可她的确不得不听了所有这些愚蠢的理由：她大笑的样子，她说话的方式，以及他们讲笑话时她的表情。”

埃米忍住了眼泪：“也有人这样对我妹妹。”

“听到这些我很抱歉，埃米。”我说道，“我们知道，这让你很伤心。”

莫瑞恩校长向埃米走过去，说道：“我之前没听说过你妹妹的问题，我答应你，我会去查一查。”

一位图书馆管理员一直在听我们的讨论，此刻她也说话了。“我必须要说说，佩利老师，我们学校在推进这个规则时真的是寸步难行。这个班也一样。这些孩子们一直都是想对彼此说什么就说什么。除非你真的体罚某个孩子，否则不会有什么实际效果。即使在图书馆，你也会惊讶于我都听到过什么。我常常要克制自己别对他们说‘你真坏！’”

图书馆管理员一边说一边扫视着每一个孩子，孩子们正在那里动来动去，不停地变换位置。“问题是，如果老师在操场上发现有人在游戏中作弊，孩子们就会对那个人大喊大叫。可我从没见过老师们去阻止哪个孩子羞辱或嘲笑其他孩子。”

说着她转向我：“请不要误会，他们都是很棒的孩子，我爱他们所有人，尤其喜欢看到他们看书时的兴奋模样。但是，他们也有能力去伤害别人，就像你的朋友卡丽被别人伤害那样。这是明摆着的事实。”

每个人都仔细听着管理员的话。有些孩子已经移到了椅子上，像是必须要和别人保持距离似的。这时桑迪发言了：“就像我爸爸抽烟一样。他知道那是个很坏的习惯，他说他已经抽了半辈子的烟，戒不掉了。好吧，我们也是差不多半辈子都在排斥别人。在幼儿园的时候应该很容易戒掉，因为那时候我们才刚开始上瘾。”

“坏习惯是可以改的，只是他们不愿意改。”萨姆肯定地说，“那些已经接受了所有人的人会继续接受。至于其他人，嗯，也包括我在内，甚至不知道自己做了什么不对的事。”

“我们是能够意识到的！”理查德争辩道，“否则我们怎么会说那是一个坏习惯？就像抽烟？我们不是看到那些七年级的学生在抽烟吗？而且到处都是禁烟的标语？他们会不知道那是一个坏习惯？他们肯定知道。”

朱莉透过眼镜片凝视着我们。“我是这么想的。如果一个人知道该怎样对别人更好，那就不需要规则。如果非得需要一个规则，那多半也是坚持不了多久的。”

斯蒂芬妮一直在犹豫着是不是要发言，她的胳膊挣扎着起起落落了好几次。“我有话要说，跟埃米的妹妹有点关系，可能她在幼儿园的时候是没有被排挤这个困扰的，我以前在其他学校时一起玩的同学，我现在已经个跟他们一起玩了。我妈妈说我变了。现在，我会观察哪些孩子会被其他孩子接受。可我妈妈不喜欢我这样。”

“等一下！”特莉丝站了起来，“你的意思是说我们在幼儿园的时候更善良？现在的我们就不善良了？我们上幼儿园时甚至根本没有想到过这个问题，可我们现在一天到晚都在担心。所以我们不善良就是因为现在的情况已经变得如此复杂，事情变得让你如此担心？”

特莉丝的声音渐渐弱了下去，可她的想法已经非常明确。“不善良？”我重复着，“是的，这就是我们一直在讨论的，不是吗？你们一直在问，我们在幼儿园的时候是不是更善良？是不是那个时候的我们不用想得这么多？这都是很自然地去做的。”

我继续往前推进。“如果我们习惯了每天都来讨论这个问题，就像我们检查句子里的语法是否正确一样，那又会怎么样呢？我们是要善良还是不善良。当有人受到欺负时，我们要不要更加快速地作出反应？我们要不要更顾虑彼此的感受呢？”

“可你怎么知道我们会这么做？”埃米的好奇大于质疑。

“我为什么可以那么确定？因为我大半辈子都在观察小孩，他们对待彼此时往往都是友好多于不友好。儿童早期想要去帮助别人的本能是非常强大的。想想看，人类的这种基本特征怎么会消失得这么快？”

孩子们正在等待一个答案。我深吸了一口气，继续说：“我来给大家讲讲一个名叫特迪的男孩吧，还有伦敦一家托儿所里的孩子们。”我感觉到了自己的兴奋和乐观的情绪，因为我知道我的听众即将要听到一个故事，而这个故事会让他们想起自己曾经是谁，以及会再次变回谁。

当然，他们也会发现属于自己的特迪的故事，在那些毫无征兆的时刻里，我们可以亲眼见证那些善良的行为。围绕在我们四周的不善良的声音既吵闹又刺耳，这就要求我们要对其给予深刻而真诚的关注。因此，我们就更有理由要去倾听孩子们关于友谊的轻声细语，去讲述更具鼓励性的故事，让它们压过那些不善良的声音。善良是照亮道德世界的灯塔。我们甚至需要像那只蓝色的大苍鹭那样，去捕捉猎物，然后振翅高飞。

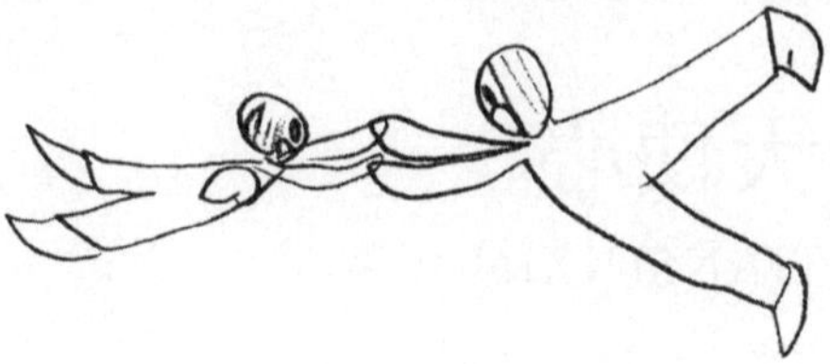

图书在版编目（CIP）数据

孩子的天使心 /（美）薇薇安·嘉辛·佩利著；黄又青译. — 昆明：晨光出版社，2019.1
ISBN 978-7-5414-9894-7

Ⅰ.①孩… Ⅱ.①薇… ②黄… Ⅲ.①儿童教育－家庭教育 Ⅳ.①G781

中国版本图书馆CIP数据核字（2018）第259080号

孩子的天使心

HAIZI DE TIANSHIXIN

〔美〕薇薇安·嘉辛·佩利 / 著　黄又青 / 译

出 版 人 吉 彤

责任编辑 李晴川 沈伯杭
封面绘画 毛予瞳（6 岁）
内文插画 毛予瞳（6 岁）

出　　版 云南出版集团 晨光出版社
地　　址 昆明市环城西路 609 号新闻出版大楼
邮　　编 650034
发行电话 （010）88356856 88356858
印　　刷 北京华联印刷有限公司
经　　销 各地新华书店
版　　次 2019 年 1 月第 1 版
印　　次 2019 年 1 月第 1 次印刷
开　　本 140mm × 205mm 32 开
印　　张 6
I S B N 978-7-5414-9894-7
字　　数 61 千字
定　　价 35.00 元

退换声明：若有印刷质量问题，请及时和销售部门（010-88356856）联系退换。